PARIS PASSE-PARTOUT

OFFERT PAR LES

GRANDS MAGASINS

DE LA

PLACE CLICHY

PARIS PASSE-PARTOUT

OFFERT PAR LES

GRANDS MAGASINS

DE LA

PLACE CLICHY

PARIS PASSE-PARTOUT

GRANDS MAGASINS

DE LA

PLACE CLICHY

Rue d'Amsterdam   Rue Saint-Pétersbourg

97, 99 et 101   32, 36, 38, 40, 42 et 44]

⬦ PARIS ⬦

PARIS PASSE-PARTOUT

GRANDS MAGASINS DE LA PLACE CLICHY

I

Conseils Généraux

Passeports. — Quoique le passeport ne soit plus exigé en France il est bon de se munir de cette pièce pour pouvoir au besoin prouver son identité, retirer une lettre de la poste restante ou bien encore être admis dans bien des monuments dont l'accès est interdit au public.

Monnaie. — Les monnaies de France et de l'Union monétaire ont seules cours en France. On peut cependant changer les autres à un taux variable et plus ou moins élevé.

En arrivant à Paris, les voyageurs qui ont fait enregistrer leurs bagages, passent dans une salle d'attente ou il faut attendre que le classement soit fait. Après quoi, les employés ouvrent les portes et vous pourez, bulletin en main, aller reprendre votre bien. Le plus souvent l'employé vous regardera d'un œil soupçonneux en vous posant la question sacramentelle : N'avez-vous rien à déclarer, mais il est peu probable qu'il pousse la visite bien loin. Cette formalité remplie et votre malle marquée d'un trait de craie, appelez un porteur et chargez-le de porter vos colis à la voiture ou à l'omnibus que vous aurez choisi. Une petite rétribution est naturellement due a ce porteur.

Si vous ne voulez pas enlever vos bagages de suite, ne vous en occupez pas, vous viendrez ensuite les réclamer à la consigne ou on vous les gardera aussi longtemps que vous le jugerez convenable.

Méfiez-vous avant tout des filous et pick-pokets qui pullulent dans les gares de Paris. Ces industriels toujours tirés à quatre épingles, d'un aspect et d'un extérieur absolument irréprochables, viennent vous offrir leurs services d'un air mielleux et poli, tout cela se termine toujours par une escroquerie ou un vol à l'américaine. Ne répondez donc jamais à n'importe quelle question posée par un étranger ou un inconnu. C'est peut-être peu poli, mais en voyage il est bon de se souvenir plus que partout ailleurs que la méfiance est la mère de la sûreté.

II

Omnibus de famille. Voitures de place

Si vous êtes nombreux, prenez un des omnibus dits de famille qui pour un prix assez modéré vous conduira à destination. (Les prix varient entre 3 à 10 francs). Si, au contraire, vous êtes seul ou avec une ou deux personnes appelez une voiture pour vous faire conduire à votre hotel.

On divise les voitures en deux classes, voiture de place et voitures de remise. On appelle voitures de place toutes celles qui stationnent sur la voie publique, aux abords des gares, monuments, etc., ces voitures sont numérotées.

Le service des voitures est assez bien organisé à Paris, toutefois les chevaux laissent beaucoup à désirer et les cochers les martyrisent sans pitié. Les voitures de place sont à deux et quatre places, les prix diffèrent.

Il y a deux manières de prendre une voiture, à la course et à l'heure. Le premier moyen est surtout avantageux quand il ne s'agit que de se rendre sans arrêt d'un point à un autre. Dans le cas contraire, il faut prendre une voiture à l'heure. La course coûte pour les voitures à deux places, 1 fr. 50 à l'intérieure des fortifications pendant le jour et 2 fr. 25 pendant la nuit. Pour l'heure le prix est de 2 francs le jour (de 6 heures du matin en été et 7 heures en hiver jusqu'à minuit trente), et de 2 fr. 50 la nuit. Hors des fortifications, le tarif à l'heure est toujours exigé. Le voyageur paiera alors 2 fr. 50 l'heure pour une voiture à deux places et 2 fr. 75 pour une voiture à quatre places, plus une indemnité de retour d'un franc, si le voyageur quitte la voiture hors des fortifications. On paie 0 fr. 25 par colis extérieur avec un maximum de perception de 0 fr. 75. Régulièrement chaque fraction de 5 centimes dépassant la première heure se paie ou doit se payer, mais il arrive très souvent que des cochers peu scrupuleux comptent le quart d'heure entier.

La première chose en montant en voiture est de demander au cocher son numéro, petite feuille de papier, sur laquelle figure les règlements, tarifs et aussi le numéro de la voiture. En cas d'accident, de perte ou de réclamation contre le cocher, ce petit morceau de papier vous sera très utile. Dites au cocher si vous le prenez à la course ou à l'heure et dans ce dernier cas ayez soin de contrôler l'heure de sa montre en la comparant à la vôtre.

Outre le prix du tarif, on donne généralement un pourboire au cocher. Ce pourboire qui ne devrait être que la récompense de l'empressement ou de la politesse est maintenant passé dans les mœurs.

Ne pas donner serait s'exposer de la part du cocher à une volée d'injures des plus naturalistes. On donne généralement 25 centimes par course et par heure.

III

Hotels, choix d'un quartier

La question du logement a de l'importance surtout pour les touristes et les voyageurs qui viennent visiter Paris pour leur plaisir. Les hommes d'affaires seront guidés dans leur choix par des questions de situation, de distance, de voisinage de telle ou telle rue, et dans ce cas, nous ne pouvons que nous borner à leur indiquer les meilleurs hôtels de chaque quartier.

Le choix d'un hotel dépend aussi beaucoup des moyens du voyageur. Peut-il dépenser largement et sans souci, les palais du confortable prodiges de luxe et de commodité lui sont ouverts et il pourra se loger soit au Grand-Hotel. soit au Continental, soit dans un des hotels des boulevards ou de la rue de Rivoli qui ont la clientèle la plus aristocratique. Si, sans être un Crésus, il aime ses aises, il trouvera des hotels à son gout dans les rues adjacentes aux boulevards et enfin si son but principal est l'économie il trouvera des hotels bons marchés, et propres dans les rues qui forment le voisinage de la Bourse, du Palais-Royal et autres.

Les hotels à Paris ne sont ni plus chers ni meilleur marché que les hotels des grandes villes partout ailleurs ; on y est bien traité et bien reçu. Quel que soit l'hotel sur lequel on aura jeté son dévolu on fera bien d'écrire d'avance pour faire prix et retenir un logement. Si on a négligé de le faire pour une raison ou pour une autre, c'est la première chose à faire en arrivant à l'hotel. On fera bien aussi de s'enquérir de ce que l'on demande pour le service et la bougie qui dans presque tous les hotels sont comptés en sus. Nous insisterons peu sur les conseils à donner aux voyageurs à propos des hotels, Ces conseils ont été donnés maintes et maintes fois. Qu'il nous suffise de rappeler qu'il est toujours bon de remettre la clef de sa chambre au service avant de sortir et de ne pas négliger de fermer soigneusement malles et caisses.

Il sera prudent si l'on a une grosse somme d'argent ou des valeurs d'en opérer le dépôt entre les mains du propriétaire de l'hotel qui en donnera un reçu. Si vous avez un ami vous saurez à qui vous adresser et en tout cas, vous trouverez à Paris des banquiers qui recevront vos dépots à des conditions avantageuses. — Demandez votre note chaque semaine vous éviterez ainsi bien des erreurs. Quand votre départ approche, prévenez avant midi, sans quoi on vous compterait une journée de plus. Vous ferez bien aussi de vous faire remettre la note la veille, afin de pouvoir la vérifier à loisir. Quand aux pourboires, les garçons et domestiques en attendent dans la proportion des services qu'ils auront rendus. Ce que vous aurez à leur donner dépend entièrement du service porté sur la note. Dans les hotels ou l'on compte 0 fr. 50 à 1 fr. le pourboire sera tout naturellement moins important que dans les hotels ou on ne compte pas de service. Dans la première hypothèse, quelques francs donnés soit au garçon auquel on a le plus souvent affaire, soit distribués entre le personnel répondent à ce qu'on a l'habitude de donner.

Liberté absolue, voilà la devise des hotels de Paris, vous êtes libre d'y manger ou non comme cela vous plaira.

On y prend généralement le premier déjeuner composé de café au lait, de thé ou de chocolat. Presque tous les hôtels ont vers 6 heures ou 6 heures 1|2 une table d'hôte. Le déjeuner se prend d'ordinaire à la carte quand on le prend à l'hôtel. Beaucoup d'hôtels prennent aussi des pensionnaires depuis 8 à 10 francs par jour et au-dessus selon la chambre qu'on occupe et bien d'autres considérations. Les voyageurs anglais et américains trouveront dans les grands hôtels ou aussi dans ceux de moindre importance, tenus par des personnes de leur nationalité, leurs repas aux heures et conditions auxquelles ils sont accoutumés.

Les hôtels les plus chers se trouvent place Vendôme, rue de la Paix, avenue de l'Opéra, boulevard des Capucines et rue de Rivoli, les prix y varient, pour la chambre de 5 à 20 francs, plus le service et la bougie. La cuisine y est parfaite. Dans les hôtels situés dans les rues aboutissant aux boulevards et, un peu moins au centre, les prix varient de 3 à 8 francs.

IV

Restaurants

L'éloge de la cuisine française en général et des restaurants de Paris en particulier n'est plus à faire. Nulle part on ne mange mieux qu'à Paris, c'est là un axiome connu de tous. Nous nous bornerons donc à présenter quelques observations.

Les restaurants à Paris peuvent se diviser en trois grandes catégories : *les restaurants à la carte, les restaurants à prix fixe et les bouillons.*

Les restaurants à la carte, comme le nom l'indique, sont ceux dans lesquels chaque plat se paie à part, les prix dans ces sortes d'établissements varient beaucoup. Pour la plupart, ils sont chers, surtout ceux de l'avenue de l'Opéra, des boulevards et des rues élégantes de Paris.

Les restaurants à prix fixe offrent plus de ressources pour un homme seul, quelques-uns sont fort bons, d'autres, il est vrai, sont très médiocres.

Quant aux bouillons, créés d'abord par le boucher Duval qui a eu de nombreux imitateurs, ce sont des restaurants ayant un cachet spécial et où l'on peut déjeuner ou dîner à assez bon marché. Nous en reparlerons plus loin. Examinons donc plus à loisir ces trois catégories de restaurants parisiens.

A. — Restaurants à la carte.

Ces restaurants, comme nous l'avons dit plus haut, sont en général très chers, il faut du reste convenir qu'ils sont très bons et, ce qui fait une notable économie, une portion peut amplement suffire pour deux, ce qui diminue singulièrement la dépense. Certains établissements ont un personnel immense et tout naturellement ayant de grands frais à couvrir sont obligés de demander des prix très élevés. Dans certains restaurants de premier ordre, il n'est pas rare de voir des dîners en apparence très simples atteindre des prix assez hauts. Aussitôt arrivé, si vous êtes pressé, demandez et commandez de suite votre repas. Si vous avez du temps devant vous, commandez seulement le potage ou le premier plat, vous verrez après. Le garçon vous apportera alors des hors-d'œuvre ; Beurre, radis, crevettes, saucisson, qui, si vous y touchez, feront singulièrement monter le prix de votre repas. Le vin est généralement bon et coûte de 2 fr. à 2 fr. 50 la bouteille pour le vin ordinaire, quant aux vins fins, leurs prix sont proportionnels à leur qualité et à d'autres considérations. On fera bien de se renseigner en demandant la carte des vins absolument distincte dans les grands établissements de la carte des mets.

Beaucoup de restaurants ont en tête de la carte des plats du jour qui sont généralement meilleur marché et qui aussi suffisent amplement pour deux. A la fin du repas, demandez l'addition et vérifiez-la à loisir. Il est d'usage de donner au garçon un pourboire, on ne donne jamais moins de cinquante centimes pour une petite addition et si le prix de votre repas dépasse dix francs, ajoutez-y cinq centimes par franc.

La plupart de ces restaurants ont des cabinets particuliers auxquels on accède par une autre entrée que celle du restaurant. Ces cabinets surtout fréquentés par des gens à bonne fortune ont des prix à part et seuls ceux qui peuvent dépenser sans compter s'y risqueront car les cartes ne portent pas toujours de prix et on peut en induire que l'addition sera forte. La plupart des restaurants sont ouverts toute la nuit.

B. — Restaurants à prix fixe.

Nous comprendrons sous ce titre les restaurants à prix fixe proprement dits et les tables d'hôtes. Ces restaurants sont généralement moins chers que ceux où l'on mange à la carte et en tout cas plus avantageux pour une personne seule. Vous y avez droit à un certain nombre de plats et généralement à une demi-bouteille de vin qu'il vous est loisible d'échanger contre du cidre ou de la bière. Ces prix varient beaucoup suivant les restaurants. On peut au Palais-Royal et dans quantité de quartiers, déjeuner à 1 fr. 25 et dîner à 2 fr. 15. Dans les restaurants plus recherchés on peut dire que les prix varient entre 1 fr. 75 et 3 francs pour le déjeuner et 2 à 5 francs pour le dîner.

Passons maintenant aux tables d'hôte qui diffèrent des restaurants à prix fixe en ce que le client au lieu d'être assis à une petite table séparée, se trouve à une longue table à côté de gens à qui l'on assigne une place aussitôt qu'ils arrivent. La carte est aussi moins fournie, et dans certains établissements il n'y en a pas du tout. Le garçon apporte ou passe les mets les uns après les autres et les propose à votre choix. En général, on y mange à bon compte et la moyenne partie du public qui les fréquentent se compose d'habitués qui y retournent tous les jours. Les prix varient entre 2 et 5 francs pour le dîner.

Citons aussi les pensions où l'on paie au mois et qui sont généralement fréquentées par des Parisiens ou par des gens faisant un long séjour dans la capitale. Dans les restaurants à prix fixe et les tables d'hôtes, il est d'usage de laisser quelque menue monnaie sur la table pour le garçon.

C. — Bouillons.

Les Bouillons, comme on les appelle ont été fondés par M. Duval, boucher. Ce sont des restaurants d'un cachet tout à fait particulier faciles à reconnaître et qui sont certainement à recommander pour leur bon marché et leur cuisine saine et bonne. On y mange à la carte et les portions sont en général bon marché. Comme aperçu des prix, on paie pour une assiette de bouillon ou de potage 20 et 40 centimes, une tranche de bœuf 30 à 40 centimes ; ce sont là des choses qu'on trouve toujours. Outre cela, on peut demander un plat du jour variant entre 50 centimes et 1 franc. Les portions sont du reste assez petites, c'est là l'inconvénient des bouillons. Le vin ordinaire y coûte 2 francs la bouteille, mais on vend des demi-bouteilles à 0 fr. 60 et des carafons à 0 fr. 20. Ce vin, quoique peu capiteux est très buvable. On trouve dans les bouillons de l'eau de seltz à bon compte ainsi qu'un grand nombre d'eaux minérales à des prix modérés. Le service est fait par des femmes qui portent toutes le même costume, généralement elles sont obligeantes et serviables. Quelques mots sur la conduite à suivre dans un bouillon. En entrant vous recevez une carte, si vous n'êtes pas seul, demandez-en une pour plusieurs personnes, puis vous mettez cette carte sur la table que vous avez choisie. Commandez votre repas et ensuite la bonne vous remettra quand vous aurez fini la petite carte sur laquelle elle aura inscrit ce que vous aurez pris, après avoir laissé quelque menue monnaie sur la table, allez avec votre carte à la caisse où l'on vous fera l'addition, payez et donnez la carte acquittée à l'employé qui vous l'a remise lors de votre entrée.

D. — Crèmeries.

Quelques mots sur les crèmeries ne seront pas inutiles. On y trouve du café, du chocolat, du lait, des œufs à très bon marché, quelques-unes vendent des œufs sur le plat, des biftecks, des omelettes et des côtelettes de mouton. Il y a un choix judicieux à faire parmi ces établissements.

CHAPITRE V

Patissiers et Glaciers.

Ces établissements offrent un coup d'œil étonnant à l'heure du goûter. On y voit les dames les plus élégantes et les reines de la mode y savourer leur glace et leur sorbet. Les plus remarquables sont dans le centre et sur les boulevards.

VI

Cafés et Brasseries.

A. — Cafés.

Il y a comme on peut penser une quantité énorme de cafés à Paris, quelques-uns sont élégants et somptueux, d'autres sont fort ordinaires. L'étranger fera bien d'aller prendre un rafraîchissement dans un des nombreux cafés des boulevards; en été ces établissements mettent des tables et des chaises sur les trottoirs et les personnes qui y prennent place peuvent contempler la foule et les mille curiosités qui s'offrent à leur vue. Rien de plus animé, de plus vif, de plus attrayant que le boulevard vers cinq heures du soir, c'est un des meilleurs moments pour jouir d'un spectacle intéressant et vraiment sans pareil. Les cafés sont remplis aussi la nuit, surtout après la fermeture des théâtres. Ils ferment en général à une heure du matin.

Beaucoup de cafés donnent le premier déjeuner le matin, c'est-à-dire du café au lait, du chocolat ou du thé, et même de la viande froide et des biftecks, mais en général tout cela coûte assez cher. On trouve dans les cafés un grand choix de journaux et les garçons fournissent gratuitement papier, plumes et encre pour la correspondance. Le prix des consommations varie selon ce que l'on prend. Il est aussi d'usage de donner un pourboire au garçon.

B. — Brasseries.

Outre les cafés, il existe des établissements sous le nom de Brasseries. On y débite spécialement de la bière mais on peut y prendre aussi d'autres consommations. Les Brasseries sont généralement décorées en style ancien, les unes ont des vitraux, les autres de splendides boiseries de chêne. La bière y est meilleure que dans les cafés et aussi moins chère.

VII. — Bains.

Il existe dans chaque quartier de Paris des établissements de Bains chauds outre les établissements hydrothérapiques comme le Hammam et autres.

Depuis quelques années on a installé des piscines chauffées en hiver et qui sont très confortables.

La piscine Rochechouart et la piscine Montmartre sont les principales. En été la piste du Nouveau Cirque est aussi transformée en bains.

Pour les bains froids il existe de beaux établissements sur la Seine notamment les bains de la Samaritaine, Henri IV et autres.

Tous sont munis de maîtres de natation.

Un bain chaud coûte de 0 fr. 60 à 2 fr. ou même 2 fr. 50 selon le linge qu'on prend.

VIII. — Médecins, Pharmaciens et autres Spécialités.

En cas de maladie pour ne pas tomber dans les mains d'un charlatan vous ferez bien si vous ne connaissez personne à Paris de vous faire transporter à la maison Dubois, 200, faubourg Saint-Denis, on y est reçu moyennant 4 à 15 francs par jour tout compris.

On trouve à Paris de nombreuses pharmacies dans lesquelles on peut entrer de confiance.

IX. — Cabinets Inodores.

On les trouve dans les passages, sur certaines places, sur les quais et en général dans tous les quartiers de Paris. Le plus simple est de s'adresser à un sergent de ville. Le prix est en général 15 centimes, quelquefois 10 centimes et même dans certains quartiers il y a de ces établissements plus neufs et tout aussi soignés qui ne coûtent que cinq centimes. On en trouve naturellement dans toutes les gares et dans les cafés.

Cabinets de lecture et de correspondance.

On y loue des livres moyennant un prix modique et une garantie pour la valeur des livres emportés.

On peut aussi y faire sa correspondance moyennant quelques sous, mais depuis la grande multiplication des cafés, cette dernière hypothèse est rare.

X. — ADMINISTRATIONS

Ministères

Affaires étrangères. — Rue de l'Université, 130, et quai d'Orsay.

Agriculture. — Boulevard Saint-Germain, 221 et rue de Varennes, 78. — Bureaux ouverts les mardis et vendredis de 2 à 4 heures.

Commerce. — Boulevard Saint-Germain. 211 et quai d'Orsay, 24.

Finances. — Au Louvre, rue de Rivoli.

Guerre. — Rue Saint-Dominique, 14 et 10.

Instruction publique et Beaux-Arts. — Rue de Grenelle, 110.

Intérieur et cultes. — Place Beauveau, rue Cambacérès, 7-13, rue de Grenelle, 103 et rue de l'Université, 176.

Justice. — Place Vendome, 11, bureaux sur le derrière, rue Cambon. 36

Marine et colonies. — Rue Royale, 2.

Postes et télégraphes. — Rue de Grenelle, 99-105.

Travaux publics. — Rue de Grenelle, 216-218.

Ambassades, Légations et Consulats

Allemagne. — Rue de Lille, 78, Consulat, rue de Villersexel, 2.

Angleterre. — Rue du Faubourg Saint-Honoré, 39 (ambassade et consulat).

Autriche-Hongrie. — Avenue de l'Alma, 7. Consulat rue Laffite, 21.

Bavière. — Rue Washington 23.

Belgique. — Rue du Faubourg-Saint-Honoré, 153.

Brésil. — Rue de Téhéran, 17, et rue Chateaudun, 8

Danemark. — Rue de Courcelle. 29. Consulat rue d'Hauteville, 53.

Espagne. — Rue Saint-Dominique, 53, (ambassade et consulat).

Etats-Unis d'Amérique. — Rue Galilée, 59. Consulat rue du Quatre-Septembre, 21.

Grèce. — Boulevard Haussmann, 127. Consulat rue Taitbout, 20

Italie. — Rue de Penthièvre, 11, Consulat rue Vézelay, 4.

Pays-Bas. — Avenue Marceau, 26, Consulat même avenue, 56.

Portugal. — Rue Saint-Philippe du Roule, 6, Consulat Boulevard des Batignolles, 96, et avenue des Champs-Elysées, 122.

Russie. — Rue de Grenelle, 76 (ambassade et consulat).

Saint-Siège. — Rue de Varenne, 53.

Suède et Norvège. — Rue Gœthe, 7, Consulat rue Pasquier, 15.

Suisse. — Rue Cambon, 4.

Turquie. — Rue de Presbourg, 10, Consulat place Saint-Ferdinand, 31.

XI. — POLICE.

Objets perdus, Renseignements

Le service de la police est bien fait à Paris sauf dans les quartiers excentriques où un passant attardé a toutes les chances d'être attaqué. Le Préfet de police en est le chef.

La police est divisée en 2 sections, la police municipale et la police de sûreté. Les gardiens de la paix appartiennent à la première et portent un uniforme très simple, gros bleu avec boutons de métal, un képi et une courte épée.

Les agents de la sûreté généralement ne portent pas d'uniformes, c'est ce qu'on appelle les détectives et ils sont spécialement chargés de l'arrestation des malfaiteurs dangereux ou en fuite. Les gardiens de la paix stationnent dans les rues, font activer la circulation, règlent les mouvements des voitures et se tiennent à la disposition de tous pour les renseignements, les adresses, etc. Ils sont en général très polis et d'une parfaite obligeance. Si vous avez perdu votre chemin ou si vous avez besoin d'une adresse quelconque adressez-vous à un gardien de la paix qui vous la donnera avec beaucoup d'empressement.

Objets perdus. — Si vous perdez quelque chose, ou si ce qui est possible vous êtes victime d'un vol, adressez-vous de suite au commissaire de police de votre quartier qui fera faire toutes les démarches nécessaires pour vous donner satisfaction en retrouvant ce que vous avez perdu et en cas de vol, soit le voleur, soit l'objet volé, soit peut-être les deux.

XII. — MAIRIES.

Paris est divisé en 20 arrondissements auxquels correspondent 20 mairies. Nous en donnons ci-après la nomenclature :

1er Arrond. Louvre. — Place du Louvre.
2e   —   Bourse. — 8, rue de la Banque.
3e   —   Temple. — 42, rue des Archives.
4e   —   Hôtel de Ville.
5e   —   Panthéon. — Place du Panthéon.
6e   —   Luxembourg. — 78, rue Bonaparte.
7e   —   Palais Bourbon. — 116, rue de Grenelle.
8e   —   Élysée. — 11, rue d'Anjou.
9e   —   Opéra. — 6, rue Drouot.
10e   —   Enclos Saint-Laurent. — 72, Faubourg Saint-Martin.
11e   —   Popincourt. — Place Ledru-Rollin.
12e   —   Reuilly. — Rue de Charenton.
13e   —   Gobelins. — Place d'Italie.
14e   —   Observatoire. — Place Montrouge.
15e   —   Vaugirard. — Rue Péclet.

16e	·	Passy. — 117, avenue du Trocadéro.
17e	—	Batignoles. — 18, rue des Batignolles.
18e	—	Montmartre. — Place des Abesses.
19e	—	Buttes-Chaumont. — Rue Armand-Carrel.
20e	—	Ménilmontant. — Place des Pyrénées.

XIII. — Postes et Télégraphes

Les bureaux de poste sont ouverts de 7 heures du matin en été et 8 heures en hiver, jusqu'à 8 heures du soir en hiver et 9 heures en été. Les dimanches et fêtes jusqu'à 5 heures. La fermeture des guichets pour chargements et recommandations se fait à 4 h. 30 dans tous les bureaux excepté dans celui de la place de la Bourse et celui de l'avenue de l'Opéra où l'on a jusqu'à 4 h. 45.

Il y a à Paris quatre-vingt-cinq bureaux partagés entre les 20 arrondissements, chaque bureau est reconnaissable à sa lanterne bleue.

Des boîtes à lettres sont aussi fixées à certains monuments, aux gares, et beaucoup de débits de tabac en sont munis.

Poste restante. — Les lettres adressées poste restante à Paris vont au bureau central (Hôtel des Postes), si l'on veut les réclamer dans un autre quartier, il est nécessaire que la lettre porte la désignation du bureau. Une enveloppe suffira comme justification d'identité si la lettre n'est pas recommandée, si elle l'est, il faudra une pièce authentique, comme passe-port, livret, carte d'électeur, ou être accompagné par un témoin connu de l'employé.

Timbres-postes. — Il existe des timbres de un, deux, cinq, dix, quinze, vingt, vingt-cinq, trente, trente-cinq, quarante, cinquante, soixante centimes, d'un franc et de cinq francs. On trouve les timbres dans tous les bureaux de poste et aussi dans les bureaux de tabac.

Le prix des lettres ordinaires (France et Algérie) est réglé comme suit.

Lettre affranchie. — 0 fr. 15 par 15 grammes ou fraction de 15 grammes ; non affranchie, 0 fr. 30 par 15 grammes ou par fraction. — *Lettre recommandée* 0 fr. 25 outre l'affranchissement ordinaire. *Lettre chargée* 0 fr. 25 outre l'affranchissement ordinaire plus un droit de 0 fr. 10 par 100 francs. — *Cartes postales* 0 fr. 10, avec réponse payée 0 fr. 20. — *Enveloppes timbrées* à 0 fr. 5 1[2 et 0 fr. 15. Les enveloppes quand elles sont mises hors d'usage avant d'être jetées à la boîte sont reprises à la poste qui vous rend les timbres. — *Journaux* 0 fr. 02 par journal jusqu'à 25 grammes, et 0 fr. 01 par excédent de 25 grammes, moitié prix pour les départements où ils sont publiés. — *Imprimés sous bande* 0 fr. 01 par 5 grammes jusqu'à 20 grammes, 0 fr. 05 par 5 grammes jusqu'à 50 grammes, puis 0 fr. 05 par 50 grammes. — *Papiers d'affaires et échantillons* 0 fr. 05 par 50 grammes (papiers d'affaires maximum de 3 kilogrammes, échantillons 350 grammes.

Mandats poste. — 1 0[0.

Bons de poste. — De 1, 2, 5, 10, 20 francs. Le droit est fixé à 0 fr. 05 pour les bons de 1, 2 et 5 francs et 0 fr. 10 pour ceux de 10 francs, enfin, 0 fr. 20 pour ceux de 20 francs; à l'étranger le tarif est réglé comme suit.

Lettres ordinaires 0 fr. 25, non affranchies 0 50 par 15 grammes ou fraction. — *Lettres recommandée* 0 fr. 25 en sus de l'affranchissement ordinaire. — *Lettres chargées* prix variable suivant le pays. — *Cartes-lettres* 0 fr, 25. — *Cartes postales* 1 fr. 10, réponse payée 0 fr. 20. — *Imprimés* 0 fr. 05 par 50 grammes. — *Papiers d'affaires* 0 fr. 25 jusqu'à 250 grammes, puis 0 fr. 05 par 50 grammes. — *Échantillons* 0 fr. 10 par 100 grammes, puis 0 fr. 05 par 50 grammes. — *Mandats internationaux* 0 fr. 25 par 25 francs et 0 fr. 20 par 10 francs pour la Grande-Bretagne.

Il existe un service de *colis postaux* pour la France et l'Etranger. De France en France 0 fr. 60 en gare ou 0 fr. 85 livrable à domicile, maximum 3 kilos.

Pour l'étranger il y a des tarifs qui varient avec chaque pays.

Levées et distributions. — Il est fait chaque jour 8 levées à chaque boîte. Les dimanches et jours fériés les 4e 6e et 7e distributions n'ont pas lieu, la 7e levée est faite à 5 heures aux boîtes de quartier et la 8e est faite seulement au bureau central et aux boîtes des bureaux.

Heures des levées aux boîtes

	DE QUARTIERS		DES BUREAUX			Nos des levées	HEURES des distributions CORRESPONDANT aux levées des boîtes
	des communes annexées	de l'ancien Paris	des communes annexées	de l'ancien Paris	de l'hôtel des Postes		
Spéciale dernière			3 »	4 »	4.30	1	7.30
1	6.30	7 »	7 »	7.30	8.3.	2	6 »
2	9 »	9.30	9.30	10 »	11 »	3	11.30
3	11 »	11.30	11.30	12 »	1 »	4	1.30
4	1 »	1.30	1.30	2 »	3 »	5	3.3J
5	3 »	3.30	3.30	4 »	5 »	6	5.30
6	3.45	4.15	4.15	4.15	5.45	7	6.30
7	4.30	5 »	5 »	»	6 »	8	7.30
8	8.30	9 »	9 »	9.30	9.45	»	1re distribution du lendemain

En dehors de cela il existe certaines agences comme l'agence Fournier, place de la Bourse, 9, et certains cafés où avec un supplément de 0.05 par lettre, ou même quelquefois gratuitement dans les cafés, on peut faire remettre le courrier du soir une heure plus tard. Dans les bureaux de quartier on peut également avec un affranchissement double ou triple gagner 1/2 heure. Les boîtes des gares reçoivent également les lettres plus tard.

Télégraphe

Les bureaux sont ouverts de 7 h. du matin à 9 heures du soir. Certains bureaux restent ouverts jusqu'à minuit. D'autres même ne ferment pas.

Pour la France et la Corse, le tarif est fixé à 0.05 par mot avec un minimum de 10 mots, pour l'Algérie à 0.10 par mot vec minimum également de dix mots.

Exprès, 0.50 par kilomètres.

De France à l'étranger le tarif est variable et sans minimum.

Allemagne, 0.20. Angleterre, 0.25. Autriche 0.25. Belgique, 0.10 et 0.15. Danemark, 0.30. Espagne, 0.20. Grèce, 0.55 et 0.60. Hongrie, 0.30. Italie, 0.20. Norvège, 0.40. Pays-Bas, 0.20. Portugal, 0.20. Roumanie, 30. Russie, 0.50. Suède, 0.35. Suisse 0.10 et 0.15. Turquie, 0.60.

Mandats télégraphiques. — Pour faciliter les envois pressés d'argent, le télégraphe délivre comme la poste des mandats dits télégraphiques jusqu'à concurrence de 5000 francs pour la France et 500 francs pour l'étranger.

Pour la France, la taxe ordinaire est de 1 0/0 sur le montant du mandat plus 0.50 pour avis à remettre au distributeur.

Pour l'étranger, taxe ordinaire, droit de 0.25 pour 25 francs, droit de 0.50 pour avis à remettre au destinataire.

Tubes pneumatiques. — Il existe à Paris pour Paris un service pneumatique envoyant des dépêches autographes aux prix suivants; dépêche fermée 0.50, dépêche ouverte 0.30.

Téléphone. — Service de Paris dans la plupart des bureaux de postes et télégraphes, 5 minutes de correspondance 0.50. Entre Paris et une station française, 1 franc. Entre Paris et Bruxelles 2 francs.

Caisse d'Épargne postale. — N'oublions pas pour finir de dire un mot de la Caisse d'épargne postale. La loi du 9 avril 1881 a institué une caisse d'épargne garantie par l'État et sous l'autorité du Ministre des Postes et Télégraphes. Toute personne versant des fonds à titre d'épargne dans un bureau de poste a droit à un compte-courant et à un livret.

XIV. — Banques, Etablissements de crédit

Changeurs

Outre la Banque de France, qui occupe un bâtiment rue Croix des Petits-Champs, on peut citer d'importantes maisons de banque et de nombreuses sociétés : Relevons. — Le Crédit Lyonnais dont le superbe hôtel se trouve boulevard des Italiens, la Société Générale pour favoriser le développement du Commerce et de l'Industrie en France, rue de Provence 54, 56; ces deux établissements ont de nombreux bureaux de quartiers dans tout Paris. Le Comptoir d'Escompte, 17, rue Bergère ; la Caisse des Dépôts et Consignations rue de Lille, 56; le Crédit Foncier, rue des Capucines, 17 et 19 ; la Société des Dépôts et Comptes-Courants, place de l'Opéra, 3 ; le Crédit Mobilier, 15, place Vendôme; la Banque de Paris et des Pays-Bas, 3, rue d'Antin.

Changeurs. — Pour ne pas se faire duper on fera bien de ne pas accorder confiance au premier changeur venu. Du reste, le Crédit Lyonnais et les maisons indiquées ci-dessus font toutes les opérations de Banque, de Bourse ou de Change à de très bonnes conditions.

XV. — Chemins de fer

Six réseaux de Chemins de fer ont leurs têtes de ligne à Paris, ce sont : le Nord, l'Est, l'Ouest, l'Orléans, le Paris-Lyon-Méditerranée et le Chemin de fer de Ceinture qui relie les cinq premiers. Ces lignes ont neuf gares savoir :

Chemin de fer du Nord. — Gare du Nord, rue de Dunkerque; pour les lignes du Nord menant en Belgique, en Angleterre et en Allemagne et pour les lignes de banlieue.

Chemin de fer de l'Est. — 2 gares : Gare de Strasbourg Place de Strasbourg, lignes d'Allemagne et de Suisse. — Gare de Vincennes. Place de la Bastille, ligne de Vincennes.

Chemin de fer de l'Ouest. — 2 gares : Gare St-Lazare, rive droite et Normandie.

Gare Montparnasse, boulevard Montparnasse, rive gauche et Bretagne.

Chemin de fer d'Orléans. — 2 gares : Gare d'Orléans, quai d'Austerlitz, pour Orléans, Tours et Bordeaux.

Gare de Sceaux, 3, place Denfert, pour Sceaux, Orsay et Limours.

Chemin de fer de Paris à Lyon et à la Méditerranée. — Gare de Lyon, boulevard de Lyon, pour Dijon, Lyon, la Suisse, l'Italie, etc.

Chemin de fer de Ceinture. — Le Chemin de fer de Ceinture fait le tour de Paris à l'intérieur des fortifications et raccorde les autres lignes. Il commence et finit à la gare St-Lazare. Les étrangers s'en servent rarement, sauf pour une des stations voisines au Bois de Boulogne. Il y a 28 stations et les trains se succèdent à des intervalles d'une demi-heure.

XVI. — Omnibus, Tramways, Bâteaux

Le monopole de la circulation des Omnibus dans Paris est concédé à la Compagnie générale des Omnibus qui a installé des lignes d'Omnibus et de Tramways. Ces voitures commencent leur service de 7 à 8 heures du matin et le terminent vers minuit et demi. Les voitures sont très grandes et confortables, les unes à deux chevaux ont 20 places dont 14 à l'intérieur, les autres à 3 chevaux avec 16 places à l'intérieur et une plate-forme où 4 voyageurs peuvent prendre place. L'impériale est très accessible dans les nouvelles voitures, mais assez difficile dans les anciennes, surtout pour les dames.

Les tramways se divisent en trois compagnies, la Compagnie des Tramways-Nord, la Compagnie de Tramways-Sud et la Compagnie des Omnibus. Cette dernière possède des voitures qui offrent un grand confort. Ceux des deux autres compagnies ont la forme ordinaire des voitures de tramways, telles qu'on en voit partout.

Les noms des stations où se rend l'omnibus ou le tramways sont écrits en caractères assez gros sur un écriteau ; à l'arrivée, le conducteur retourne l'écriteau qui porte le nom de l'autre tête de ligne où va retourner la voiture. Au dessus de la portière est un autre écriteau composé d'une simple plaque de verre sur laquelle est écrit « complet », cette plaque est éclairée le soir et le conducteur peut la dissimuler ou la faire paraître, selon que les places d'intérieur sont prises ou non. Chaque ligne a des voitures d'une couleur différente, le soir ces voitures se distinguent par la couleur de leurs lanternes. Chaque ligne d'omnibus ou de tramways est désignée par une lettre alphabétique. Le prix est unique pour les omnibus et pour les tramways qui ne sortent pas de Paris, pour ces derniers on paie un supplément à partir des fortifications. Pour l'intérieur de Paris on paie à l'intérieur ou sur la plate-forme 0.30, sur l'impériale 0.15 et ce pour quelque distance que ce soit. Il existe à Paris un système très ingénieux et que nous allons expliquer, c'est celui des correspondances qui vous permet, si votre omnibus ne va pas où vous désirez aller, d'en prendre un autre qui vous conduira sans augmentation de prix. Mais il est utile de dire d'abord quelques mots sur les stations d'omnibus. Elles sont très répandues et permettent aux voyageurs d'attendre leur omnibus à l'abri des mauvais temps. Ce sont des cabines de bois assez généralement mais aussi d'anciennes boutiques appropriées, elles sont facilement reconnaissables à leur inscription en grosses lettres blanches sur fonds bleu « Compagnie générale des Omnibus ». En entrant dans un de ces bureaux dites à l'employé votre destination et il vous remettra un numéro d'ordre : quand votre omnibus passera on appellera les voyageurs, une fois casé payez le conducteur s'il vous en faut une, demandez une correspondance.

Le seul reproche qu'on puisse faire aux omnibus de Paris est leur lenteur exagérée, aussi les gens pressés feront-il bien de ne pas s'en servir.

Bateaux à vapeur

Les bateaux à vapeur qui font le service de la Seine peuvent se diviser en bateaux mouches, en hirondelles et en bateaux express. Ces bateaux sont assez agréables surtout en été.

XVII. — Eglises, Chapelles, Temples et autres lieux de piété

Il y a à Paris de nombreuses églises de tous cultes, néanmoins les églises catholiques sont en majorité. On en voit de tous les styles depuis le gothique jusqu'au grec, depuis le romain jusqu'au style renaissance. Quelques-unes d'entre elles sont d'admirables monuments, d'autres comme l'église Saint-Germain-l'Auxerrois ont leur place marquée dans l'histoire de Paris. Nous donnons plus loin une liste très complète et une description des églises et autres lieux de piété et y renvoyons nos lecteurs.

Qu'il nous suffise de donner ici quelques renseignements. — Les églises sont généralement remplies le dimanche à l'heure des offices qui ont lieu de 10 heures du matin à 1 heure. La messe d'une heure est généralement fréquentée par de nombreuses élégantes et la sortie est un spectacle assez curieux.

On donne souvent des saluts solennels dans lesquels les premiers auteurs de nos grands théâtres lyriques se font entendre. Citons au nombre des églises qui célèbrent l'office divin avec la plus grande pompe : Notre-Dame, la Madeleine, St-Eustache St-Roch, St-Augustin et quelques autres.

Pendant le Carême des prédicateurs renommés, appartenant pour la plupart aux ordres religieux se font entendre du haut de la chaire. Les conférences du père Monsabré à Notre-Dame attirent toujours un nombreux public.

Les autres églises sont aussi représentées à Paris, les protestants trouveront quantité d'églises de leur culte; les israélites ont également plusieurs temples. Citons aussi pour mémoire l'église russe, rue Daru.

XVIII.—Lieux de plaisir, d'amusement.Théâtres Cirques, Bals, etc.

Les plaisirs varient selon les saisons, en hiver les théâtres sont tous ouverts ainsi que certains concerts et presque tous les cirques; dans la belle saison au contraire, les troupes théâtrales vont donner des représentations en province et à l'étranger et comme cirques il n'y a guère d'ouvert que l'Hippodrome et le Cirque d'Eté aux Champs-Elysées. Quoique nous donnions une liste complète des lieux de plaisir, dans le corps de cet ouvrage, nous croyons devoir en dire quelques mots ici.

Théâtres. — Les théâtres de Paris sont renommés dans le monde entier, c'est là qu'il faut aller pour passer une bonne soirée. Les prix sont généralement assez modérés. Sauf l'Opéra qui a des prix à part, on peut pour 6 ou 7 francs, avoir un bon fauteuil d'orchestre dans les autres théâtres. Généralement tout est sacrifié au luxe, les loges ne sont garnies que de mauvaises chaises et de la plupart d'entre elles on ne voit qu'imparfaitement ce qui se passe sur la scène. Les fauteuils sont petits et les rangées sont très rapprochées les unes des autres. Les tdames dans beaucoup de théâtres ne sont pas admises aux fauteuils d'orchestre. Les places les plus recherchées sont en dehors des loges, les fauteuils d'orchestre et les fauteuils de balcon. A des prix inférieurs on peut aller aux stalles d'orchestre ou au parterre. (Les dames ne sont pas admises au parterre). Toutes ces places se donnent au bureau et peuvent aussi être retenues d'avance, soit au bureau, soit dans l'une des nombreuses Agences de théâtres. En tous cas on fera bien de se méfier des offres avantageuses ou non que vous font les melots qui vous offrent des places moins chères qu'au bure'. utons que la tyrannie du pourboire vous poursuit au th

Etes-vous avec une dame, on viendra de gré ou de force lui glisser un petit banc sous les pieds et la manière désordonnée dont les vestiaires sont organisés, sauf dans les grands théâtres, suffisent à compenser le plaisir qu'on vient d'éprouver.

Les Concerts du Conservatoire sont les plus importants et les plus beaux, les autres se sont beaucoup développés à Paris grâce aux efforts constants de M. Pasdeloup. Les Concerts Lamoureux et Colonne ainsi que des nombreuses séances de musique de chambre, font les délices des amateurs.

Les Parisiens sont dotés de Concerts donnés par les musiques militaires quand le temps est beau, ces concerts ont lieu soit aux Tuileries, soit au Palais-Royal, soit dans un des nombreux endroits qui, à Paris, y sont affectés.

Les Cafés-Concerts très animés et très bruyants, sont presque toujours remplis par des spectateurs avides d'entendre la dernière chanson ou le dernier calembour. Les Cafés-concerts d'été sont dans le même genre. Tous ont une entrée libre, mais vous êtes moralement obligé de prendre une consommation aussi chère que la place. Les Bals sont également très animés, nous en parlerons du reste, dans notre liste alphabétique,

XIX. — Cercles et Clubs

Voici les principaux :
Cercle Agricole, boulevard St-Germain, 231.
Club Alpin, rue du Bac, 30.
Cercle des Beaux-Arts et Franco-Américain, place de l'Opéra, 4.
Cercle des Champs-Elysées, rue Boissy-d'Anglas, 5.
Cercle des Chemins de fer, rue de la Michodière, 22.
Cercle du Commerce et de l'Industrie, boulevard Poissonnière, 14 *bis*.
Cercle des Eclaireurs, rue de la Paix, 25.
Grand Cercle, boulevard Montmartre, 16.
Jockey-Club, rue Scribe, 1 *bis*.
Cercle de la librairie, boulevard St-Germain, 117.
Cercle Malesherbes, boulevard Malesherbes, 1.
Cercle national des Armées de terre et de mer, avenue de l'Opéra, 49.
Nouveau Cercle, place de la Concorde, 4.
Cercle de la Presse, boulevard des Capucines, 6.
Sporting-Club, boulevard des Capucines, 8.
Cercle de l'Union, boulevard de la Madeleine, 11.
Cercle de l'Union artistique, place Vendôme, 13.
Cercle Volney, rue Volney, 7.
Yacht-Club, boulevard des Capucines, 1 *bis*.

PREMIÈRE PARTIE

CHAPITRE I

HISTOIRE DE PARIS, SITUATION, POPULATION ET STATISTIQUE, DESCRIPTION, DIVISION, SUPERFICIE, FORTIFICATIONS, ENCEINTES DIVERSES.

Paris existait déjà avant J.-C., mais non pas à l'état de Capitale, il a été pendant longtemps sous le nom de Lutèce un village des « Parisii ». On est pas d'accord sur l'étymologie du mot Lutèce les uns traduisent ville de boue, les autres ville au milieu de l'eau; — Lutèce occupait une partie de l'île de la Cité, c'est là que la ville, grâce à son heureuse position, s'agrandit peu à peu et finit par se trouver trop à l'étroit dans son île, c'est alors qu'elle s'étendit sur les deux rives, mais dans de bien faibles proportions. Constance Chlore y construisit le palais des Thermes dont une partie subsiste encore et plusieurs empereurs romains s'y fixèrent. Ce ne fut toutefois qu'au Quatrième Siècle de notre ère que Lutèce changea son nom ou plutôt commença à être appelé Paris. — Sous les premiers Mérovingiens l'agrandissement continu; — En 451 Attila roi des Huns est repoussé par l'humble bergère de Nanterre et Paris devint non seulement la Capitale mais la ville la plus importante du royaume des Francs.

Paris passa par bien des vicissitudes et connut toutes les calamités qui au moyen âge s'abattaient si souvent sur les peuples; famines, peste, épidémies, tel fut son lot, ajoutons y les sièges et les assauts des Normands qui ne furent définitivement repoussés que par Eudes et les précurseurs de la dynastie Capétienne.

Les premiers rois de cette dynastie contribuèrent à faire prospérer leur Capitale, quelques monuments furent construits dont il reste bien peu de chose; citons cependant la Tour Saint-Jacques. Le douzième siècle vit commencer Notre-Dame mais Paris se disposait alors à subir une transformation complète sous le règne de Philippe-Auguste, c'est à lui qu'on doit le pavage des rues, l'assainissement, la création de la police, etc., Il construisit divers châteaux forts, comme l'ancien Louvre qui a été démoli pour faire placé au Louvre actuel.

A l'issue de la guerre de Cent ans, nous retrouvons Paris agrandi peut être mais ruiné par les maux de la guerre. Les guerres de religions ensanglantèrent aussi ses rues mais finirent avec l'avènement au trône de Henri IV. — Comme monuments datant du 16ᵉ siècle, citons le Louvre commencé sous François Iᵉʳ, les Tuileries œuvre de Philibert Delorme et auxquels tant d'architectes ont travaillé depuis. Paris souffrit beaucoup des discordes civiles pendant la minorité de Louis XIV ; c'est à cette époque que furent créés les boulevards.

De la rue de la Seine à la Bastille existait une ligne de fortifications qui fut reculée et une belle et agréable promenade fut créé sur l'emplacement de ces fortifications.

La porte Saint-Denis et la porte Saint-Martin datent de cette époque. — Dès lors Paris ne cesse de s'agrandir, de s'embellir et de devenir de plus en plus la Capitale du monde entier. Il serait impossible dans un cadre aussi restreint de faire entrer toutes les améliorations, les agrandissements qui ont fait le Paris actuel. Dans les quarante dernières années et surtout sous le second Empire, la ville a été radicalement transformée et a vu percer de nouvelles rues, de nouveaux boulevards, qui non seulement ont porté l'air et la lumière partout, mais ont fait de Paris une ville sans pareille. Nous laisserons sous silence les travaux gigantesques comme les égouts, les aqueducs et autres qui ont tant contribué à l'assainissement de la ville et au bien être de tous.

Paris a vu beaucoup de ses plus beaux monuments brulés pendant l'insurection de la Commune (1871) mais, la plupart de ces ruines ont été relevées et réparées, et Paris plus beau, plus brillant que jamais semble vouloir prouver le bien fondé de son antique devise *fluctuat nec mergitur.*

Situation. — Paris est situé au cœur de la France, sur les deux rives de la Seine. On peut le séparer en quatre parties : la rive droite, la rive gauche, la cité et l'île Saint-Louis. Toutes ces parties sont reliés par des ponts superbes.

Population. — *Superficie.* — Au commencement de 1886, la population de Paris était de 2,320,000 habitants en augmentation sensible sur le recensement précédent.

La ville occupe une superficie de 895,000 hectares.

Division. — La ville se divise en 20 arrondissements. (Voir page 12).

Chaque arrondissement a à sa tête un maire assisté de deux adjoints. Chaque arrondissement a en outre plusieurs membres qu'il délègue au Conseil municipal de Paris, siégeant à l'Hôtel-de-Ville.

Fortifications. — Paris est fortifié par trois enceintes : 1° une enceinte continue de 34 kilomètres ; 2° une enceinte de forts avancés comprenant les forts suivants : Au Nord près de Saint-Denis, fort de Briche, fort de la Couronne du Nord, fort de l'Est ; à l'Est le fort d'Aubervilliers, près du Bourget, les forts de Romainville, Noisy, Rosay, Nogent et Vincennes et les redoutes de la Faisanderie et de Gravelle ; sur la rive gauche de la Marne, le fort de Charenton. Au sud et sur la rive gauche de la Seine se trouvent les forts d'Ivry, Bicêtre, Vanves, Issy et la célèbre forteresse du Mont-Valérien.

Enfin une troisième enceinte s'élève autour de celle-ci et comprend, sur la rive droite les forts de Cormeilles, Montlignons, Domon, Montmorency, Ecouen, Stains, Vaujours, Chelles, Villiers et Villeneine-Saint-Georges ; sur la rive gauche, ceux de Châtillon, de la Butte-Chaumont, Palaiseau, Villeras, Haut-Bac, Saint-Cyr, Marly, Jamme et Aigremond.

Enceintes diverses. — Jetant les yeux sur un plan de Paris, on se rendra aisément compte des agrandissements successifs qui ont nécessité de nouvelles enceintes. Au début Paris tenait dans l'île de la Cité et la première enceinte est donc facile à déterminer. La seconde renfermait un plus grand espace, passait derrière l'Hôtel-de-Ville et l'église Saint-Gervais ; la troisième bâtie par Philippe Auguste comprenait Saint-Eustache, Saint-Paul et le Panthéon. La quatrième allait par les grands boulevards et comprenait le canal Saint-Martin et la Porte Saint-Denis. Louis XIII fit construire la cinquième enceinte qui prolongea la dernière jusqu'à la Seine. — En 1797, la sixième enceinte fut terminée, elle comprend les boulevards extérieurs ; enfin les agrandissements sous le règne de Napoléon III nécessitèrent la septième enceinte qui comprend le Paris actuel.

CHAPITRE : II

Promenade de reconnaissance avec indications sommaires des choses à voir

L'étranger une fois arrivé à Paris devra avant toutes choses faire connaissance avec la ville et en prendre une vue d'ensemble. Le meilleur moyen pour cela est de prendre soit une voiture soit l'omnibus. Cette promenade a surtout pour but de montrer à l'étranger les principales rues de Paris avant de commencer sa visite détaillée aux monuments et autres curiosités.

Nous avons pris comme centre l'Opéra, en effet c'est le centre de Paris vivant et élégant. Partant donc de l'Opéra après avoir admiré notre Académie Nationale de musique, le voyageur remarquera la symétrie qui a présidé à la création de cette place unique dans son genre. Devant vous l'avenue de l'Opéra avec ses magasins luxueux, à droite et à gauche le boulevard des Capucines, derrière l'Opéra la rue Auber et la rue Halévy, devant la rue de la Paix et du 4 septembre.

Prenez une voiture à l'heure et dites au cocher de vous mener à la Bastille, s'il fait beau vous pouvez prendre l'omnibus Madeleine-Bastille et prendre place sur l'impériale. Vous verrez d'abord à votre gauche le café Américain, à côté au coin de la rue de la Chaussée-d'Antin, le théâtre du Vaudeville. Le boulevard des Italiens commence alors, mentionnons brièvement à droite le café du Helder, l'immeuble magnifique du Crédit Lyonnais, le café Anglais, l'emplacement de l'Opéra-Comique ; à gauche, le théâtre des Nouveautés, le restaurant-glacier Tortoni, la maison Dorée, le café Riche, le passage de l'Opéra et le théâtre Robert Houdin. Le boulevard Montmartre commence à la rue de Richelieu, c'est un des endroits les plus animés de Paris.

Remarquez à droite la rue Vivienne qui conduit à la Bourse, le passage des Panoramas, le théâtre des Variétés, à gauche le passage Jouffroy et le musée Grévin. Vous jetterez un coup d'œil sur les nombreux cafés qui bordent le boulevard surtout entre l'Opéra et le faubourg Montmartre.

Le boulevard Poissonnière commence rue Montmartre et se continue jusqu'au boulevard de Bonne-Nouvelle où l'on remarque à gauche le théâtre du Gymnase et le restaurant Marguery.

Le boulevard de Bonne-Nouvelle finit au faubourg St-Denis, c'est là que se trouve à gauche la porte St-Denis bel arc de triomphe élevé à la gloire de Louis XIV, c'est de cette époque que date la création des boulevards. Le boulevard St-Denis dans lequel nous entrons finit à la porte St-Martin élevée en même temps que la porte St-Denis, alors commence le boulevard St-Martin sur lequel se trouvent à gauche les théâtres de la Renaissance, de la Porte St-Martin, de l'Ambigu, des Folies-Dramatiques. Nous voilà maintenant à la place de la République, vous remarquez la statue colossale de la République œuvre de Morice; de la place de la République rayonnent de magnifiques voies, comme le boulevard Magenta, le boulevard Voltaire, l'avenue de la République. De la place de la République à la Bastille vous prenez le boulevard du Temple, le boulevard des Filles-du-Calvaire et le boulevard Beaumarchais.

Nous sommes sur l'emplacement de la vieille forteresse détruite en 1789, où se trouve la colonne élevée à la mémoire des combattants de 1830. — Les voyageurs ayant pris l'omnibus devront descendre et prendre l'omnibus du chemin de fer de Lyon à St-Philippe du Roule. — La rue St-Antoine dans laquelle nous nous engageons n'a de remarquable que quelques hôtels, à droite vous trouverez une petite voie (rue Birague) qui conduit à la place des Vosges anciennement place Royal. Ce quartier est un des plus curieux de Paris et nous ne saurions trop engager les hommes d'étude à le visiter. Après la rue St-Antoine vient la rue de Rivoli qui en est la continuation, rien de remarquable ne se présente aux yeux du voyageur jusqu'à la place de l'Hôtel de Ville. Cette place mérite une mention spéciale à cause de ses souvenirs historiques, c'était la fameuse place de grève. L'Hôtel de Ville complètement rebati maintenant est la reproduction de l'ancien, c'est un des plus superbes monuments du nouveau Paris. Quittant la place de l'Hôtel de Ville nous arrivons au square St-Jacques où se trouve la fameuse tour; en continuant, nous nous trouvons place du Châtelet. Deux théâtres s'y trouvent, le théâtre du Chatelet et celui des Nations qui sert à l'Opéra-Comique jusqu'à ce que ce dernier théâtre soit rebati. Une élégante fontaine appelée fontaine de la Victoire occupe le milieu de la place. — Descendez d'omnibus, prenez alors place du Chatelet l'omnibus Montmartre-St-Jacques, le pont sur lequel vous passez est le pont au Change; à cet endroit la Seine entoure l'île de la Cité, vous pénétrez dans la Cité laissant à droite le Palais-de-Justice, à gauche le Tribunal du Commerce, plus loin vous arrivez sur le pont St-Michel, regardez alors derrière vous à gauche de l'omnibus et vous apercevrez Notre-Dame la vieille Cathédrale de Paris; devant vous la place et la fontaine Saint Michel; nous suivons le boulevard St-Michel et arrivons bientôt à l'endroit où il se croise avec le boulevard St-Germain, le joli jardin à gauche est le square Cluny renfermant le musée de l'Hôtel du même nom et le Palais des Thermes; à la rue Souflot descendez et allez le long de cette rue admirer le Panthéon, revenez ensuite et prenez la rue Médicis, le long de laquelle vous cotoyez les jardins du Luxembourg, qui vous conduira à l'Odéon; vous êtes en plein quartier latin; contournant l'Odéon vous prenez la rue Vaugirard et passez devant le palais du

Luxembourg œuvre de Jacques Debrosse et où siège le Sénat qui contient aussi le musée du Luxembourg. Continuez jusqu'à la rue Bonaparte qui vous menera à St-Sulpice et jusqu'à la place St-Germain, vous remarquerez le beau boulevard St-Germain avec ses maisons somptueuses et elevées et tournerez à gauche. Prenez la rue du Bac toujours à gauche jusqu'à la rue de Grenelle où vous tournez cette fois à droite, remarquez à gauche l'Ambassade de Russie, le Ministère des Postes et Télégraphes et l'Archevêché. Vous arriverez sur l'Esplanade des Invalides. L'hôtel que vous apercevez au fond vaut qu'on s'y arrête, après l'avoir observé à loisir prenez la rue Constantine et tournez à gauche sur le quai d'Orsay ; le bâtiment qui fait le coin est le Ministère des Affaires étrangères, puis vous apercevrez la Chambre des députés avec son beau portail Grec.

Prenant le pont de la Concorde vous arrivez place de la Concorde où vous attend un spectacle unique au monde. Au milieu de la place, l'obélisque et les fontaines ; tournez vers la Seine, vous aurez à votre gauche les restes des Tuileries et le palais du Louvre, à droite les Champs-Elysées et l'Arc de triomphe de l'Etoile, derrière vous, la Madeleine. Vous tournez alors à gauche le long de la Seine, le jardin des Tuileries longe la rive, le Louvre commence par le pavillon de Flore, résidence du Préfet de la Seine. Contournez le splendide monument et vous arriverez place St-Germain-l'Auxerrois où s'élève l'église de ce nom si tristement célèbre dans nos fastes historiques. C'est de son beffroi, aujourd'hui démoli que se donna, dit-on, le signal des massacres de la St-Barthélemy. Vous avez devant vous la Colonnade du Louvre, œuvre de Perrault, suivez la rue de Rivoli entre le Louvre et les magasins du Louvre, vous arriverez place du Palais-Royal où se trouve le Palais-Royal occupé actuellement par le Conseil d'Etat ; passez place du Théâtre-Français où se trouve le théâtre de la Comédie-Française et prenez l'avenue de l'Opéra qui vous ramènera à votre point de départ.

CHAPITRE III

Description des Boulevards, Rues, Places, Esplanades, etc.

Boulevards. — Les boulevards dans le sens actuel du mot sont de larges et grandes rues, plantées d'arbres, qui entourent

2

ou traversent une ville. Anciennement boulevard signifiait fortification, puis promenade généralement située sur l'emplacement d'anciens remparts. On peut diviser les boulevards de Paris en *Anciens et intérieurs, nouveaux, extérieurs et militaires.* Les boulevards anciens et intérieurs comprennent au nord de la Seine ce qu'on est convenu d'appeler *grands boulevards;* savoir : les boulevards de la Madeleine, des Capucines, des Italiens, Montmartre, Poissonnière, Bonne-Nouvelle, St-Denis, St-Martin, du Temple, des Filles-du-Calvaire et Baumarchais.

Sur la rive gauche des boulevards correspondants qui portent avec les précédents le nom de boulevards intérieurs, sont en partant des Invalides : les boulevards des Invalides, Montparnasse, Port-Royal, St-Marcel et de l'Hospital.

Les boulevards extérieurs sont tracés, non comme on pourrait le croire autour du Paris actuel, mais autour de l'ancienne ville, ils occupent la place du mur construit en 1784 et sont encore désignés sous le nom d'anciennes limites de Paris. Au nord de la Seine, de l'Arc de triomphe de l'Etoile à la place de la Nation ils portent les noms de boulevards de Courcelle, des Batignolles, de Clichy, réunis par la place Clichy où l'on voit les magnifiques magasins de la Place Clichy, de Rochechouart, de la Chapelle, de la Villette, de Belleville, de Ménilmontant et de Charonne. Au Sud on trouve les boulevards de Grenelle, de Vaugirard, Edgar Quinet, d'Enfer, St-Jacques, d'Italie et de la Gare.

Les nouveaux boulevards ont été construits récemment et la plupart ont été faits ou commencés sous l'Empire. Notons au nord de la Seine le boulevard Malesherbes qui va de la place de la Madeleine à la porte d'Asnières, le boulevard Pereire, des Batignolles à l'avenue de la Grande Armée, ajoutez le boulevard Haussmann de la rue Taitbout au faubourg St-Honoré, après lequel il se continue sous le nom d'avenue Friedland. Le Boulevard Haussmann doit être prolongé jusqu'aux grands boulevards. Le Boulevard de Magenta commence à la place de la République et finit à la jonction des boulevards Rochechouart et de la Chapelle après quoi il continue jusqu'aux fortifications sous le nom de boulevard Ornano. De la place de la République part aussi le boulevard Voltaire qui finit à la place de la Nation. De la Bastille partent les boulevards Henri IV et Richard Lenoir. Le boulevard Henri IV rejoint le pont de Sully et le boulevard Richard Lenoir. Le boulevard Richard Lenoir finit au quai Valmy. De la place de la Nation, il existe une ligne régulière de boulevards qui la relie au pont de Bercy et qui comprend les boulevards de Picpus, de Reuilly et de Bercy.

Mentionnons aussi le boulevard Diderot qui joint la place de la Nation au pont d'Austerlitz. De la gare de l'Est au carrefour de l'Observatoire on remarque une ligne non interrompue de boulevards, d'abord le boulevard de Strasbourg qui continue après les grands boulevards sous le nom de boulevard de Sébastopol après le pont au Change il traverse la Cité sous le nom de boulevard du Palais et arrivant à la rive gauche prend le nom de boulevard St-Michel. Sur la rive gauche de la Seine partant de la place Denfert-Rochereau remarquons les boulevards Arago et St-Marcel.

Les boulevards militaires forment la limite actuelle de Paris: ils portent les noms de généraux de l'Empire. Citons sur la rive droite les boulevards Excelmans, Suchet, Lannes, Gouvion-St-Cyr, Berthier, Bessières, Ney, Macdonald, Serrurier, Mortier, Davoust, Soult et Poniatowski. Sur la rive gauche, les boulevards Masséna, Kellermann, Jourdan, Brune, Lefèvre, Victor.

De la Madeleine à la Bastille. — En partant de la place de la Madeleine, vous trouvez une longue suite de boulevards décrivant à peu près un demi cercle et rejoignant la place de la Bastille en prenant différents noms : boulevards de la Madeleine, des Capucines, des Italiens, Montmartre, Poissonnière, Bonne-Nouvelle, St-Denis, St-Martin, place de la République, du Temple, des Filles du Calvaire, Beaumarchais.

BOULEVARDS

Boulevard de la Madeleine. — Le côté gauche de ce boulevard forme la *rue Basse du Rempart*, il va de la Madeleine à la rue des Capucines d'où il continue sous le nom *de boulevard des Capucines.*

Beaux magasins spécialement étalages des fleuristes les plus distingués. A gauche le Grand Café au dessus duquel est le Jockey Club; le Grand Hôtel et le Café de la Paix. — A droite la rue de la Paix *conduisant à la place Vendôme*, traversant la place de l'Opéra décrite plus haut; le boulevard des Capucines va jusqu'à la rue de la Chaussée d'Antin. A gauche le Café Américain et le théâtre du Vaudeville, rue de la Chaussée d'Antin conduisant à l'église de la Trinité.

Boulevard des Italiens. — De la rue de la Chaussée d'Antin à la rue Drouot. A gauche : théâtre des Nouveautés, passage de l'Opéra, les rues du Helder, Taitbout, Lepelletier, Drouot (Hôtel des Ventes) débouchant toutes dans la rue de Lafayette. — A droite l'orfèvrerie Christofle, l'hôtel grandiose du Crédit Lyonnais, les rues Louis le Grand et de la Michodière, la rue de Choiseul conduisant au passage du même nom dans lequel se trouve le théâtre des Bouffes Parisiens; les rues Marivaux et Favart entre lesquelles on voit l'emplacement de l'Opéra-Comique dont l'incendie rappelle à tous de si douloureux souvenirs ; le passage des Princes, enfin la rue de Richelieu, allant en droite ligne à la place du Théâtre Français.

Le boulevard Montmartre part de la rue Drouot pour finir à la rue du Faubourg Montmartre. A gauche se trouve le passage Jouffroy en face duquel s'ouvre le fameux passage des Panoramas le à droite le théâtre des Variétés, la rue Vivienne conduisant à la rue des Petits-Champs en passant par la Bourse, la rue Montmartre aboutissant aux Halles Centrales et l'église de Saint-Eustache.

Le Boulevard Poissonnière commence à la rue du Faubourg Montmartre et aboutit à la rue du Faubourg Poissonnière. A gauche les splendides bronzes de la maison Barbedienne, la rue Rougemont à l'extrémité de laquelle on aperçoit le Comptoir d'Escompte.

Le Boulevard Bonne Nouvelle commence de la rue du Faubourg Poissonnière à la rue du Faubourg Saint-Denis devant laquelle se trouve la porte Saint-Denis (voir la description de ce monument.) A gauche théâtre du Gymnase et grands magasins de la Ménagère.

Le Boulevard Saint-Denis va de la porte Saint-Denis à la porte Saint-Martin. Ce boulevard est coupé perpendiculairement par une grande artère allant de la gare de l'Est à la Seine et s'appelant à gauche boulevard de Strasbourg et à droite boulevard de Sébastopol. C'est au commencement du Boulevard de Strasbourg que sont les établissements si connus de l'Eldorado et de la Scala.

Boulevard Saint-Martin part de la rue du Faubourg Saint-Martin à la place de la République A gauche théâtres de la Renaissance, Porte Saint-Martin, Ambigu et Folles Dramatiques.

La place de la République (Ancienne place du Château d'Eau) située entre le boulevard Saint-Martin et du boulevard du Temple est une des places les plus importantes de Paris, car c'est à ce point que convergent de nombreuses rues venant de toutes les directions. — Au milieu de la place s'élève la statue de la République par les frères Morice, élevée en 1883; à gauche on voit la caserne du Prince Eugène. Les différentes rues aboutissant à cette place sont: boulevard Saint-Martin, rue du Château d'Eau, boulevard Magenta, rue

Beaurepaire, rue de la Douane, rue du Faubourg du Temple avenue de la République, boulevard Voltaire, boulevard du Temple et enfin la rue Turbigo.

La ligne des boulevards se continue ensuite sous le nom de boulevard du Temple. Ce boulevard commence à la place de la République et prend fin à la rue des Filles du Calvaire. C'est sur ce boulevard qu'eu lieu en 1835 l'attentat Fieschi contre Louis Philippe. A droite se trouve le théâtre Déjazet, la rue Charlot vous mène non loin du célèbre marché du Temple.

Boulevard des Filles du Calvaire. — de la rue des Filles du Calvaire à la rue Saint-Sébastien. A l'intersection du Boulevard du Temple à gauche on voit le Cirque d'hiver.

Enfin le *boulevard Beaumarchais* finit à la ligne des grands boulevards et conduit à la place de la Bastille. A droite théâtre Beaumarchais.

RUES. — Les principales rues de Paris sont, par ordre alphabétiques les rues :

Auber, de la place de l'Opéra à la rue Tronchet.

Bac (rue du), du Quai d'Orsay à la rue de Sèvre.

Castiglione, de la place Vendôme à la rue de Rivoli.

Châteaudun, de la rue de la Chaussée d'Antin à la rue Lafayette.

Chaussée d'Antin, du Boulevard des Capucines à la Trinité.

Ecoles (rue des) du boulevard Saint-Michel à la rue du Cardinal Lemoine.

Etienne Marcel, de la place des Victoires au boulevard de Sébastopol.

Faubourg Montmartre du boulevard Poissonnière à N.-D. de Lorette.

Faubourg Saint-Antoine, de la place de la Bastille à la place de la Nation.

Faubourg Saint-Honoré, de la place Royale à l'avenue de Wagram.

François 1er, du Cours la Reine à l'avenue de l'Alma.

Gay-Lussac, du boulevard Saint-Michel à la rue d'Ulm.

Lafayette, du boulevard Haussmann à celui de la Villette.

Laffitte, du boulevard des Italiens à N.-D. de Lorette.

Louvre, du Quai du Louvre à la rue Etienne-Marcel.

Maubeuge, du Faubourg-Montmartre au boulevard de la Chapelle,

Médicis, de la rue de Vaugirard au boulevard Saint-Michel.

Monge, du boulevard Saint-Germain à la rue Mouffetard.

Montmartre, des Halles au boulevard Montmartre.

Paix, de la place de l'Opéra à la place Vendôme.

Pépinière, de la rue de Rome au boulevard Haussmann.

Petits-Champs, de la place des Victoires à la rue de la Paix.

Quatre-Septembre, de la place de la Bourse à celle de l'Opéra.

Réaumur, de la rue du Temple à la rue Saint-Denis.

Rennes, de la rue de l'Abbaye à la place de Rennes.

Richelieu, du boulevard Montmartre à la place du Théâtre Français.

Rivoli, de la place de la Concorde à la rue Saint-Antoine.

Rome, du boulevard Haussmann à la rue Cardinet.

Roquette, de la place de la Bastille au boulevard Ménilmontant.

Saint-Antoine, de la rue de Rivoli à la place de la Bastille.

Saint-Denis, de l'avenue Victoria au boulevard Bonne Nouvelle.

Saint-Honoré, de la rue des Halles à la rue Royale.

Saint-Lazare, de la rue N.-D. de Lorette à la rue de Rome.

Saint-Martin, du Quai de Gesvres au boulevard Saint-Denis.

Seine, du Quai Malaquais à la rue Saint-Sulpice.

Solférino, du Quai d'Orsay à la rue Saint-Dominique.

Soufflot, du Panthéon au boulevard Saint-Michel.

Temple, de la rue Rivoli à la place de la République.

Tournon, de la rue Saint-Sulpice à la rue de Vaugirard.

Trochet, de la place de la Madeleine à la rue Auber.

Turbigo, des halles à la rue du Temple.

Vivienne, de la rue Beaujolais au boulevard Montmartre.

Université, de la rue des Saints-Pères à l'avenue de la Bourdonnais.

Vaugirard, de la rue Monsieur le Prince au boulevard Victor.

PLACES. — Bastille. — Bourse. — Carrousel. — Clichy, où l'on remarque les splendides magasins de la place Clichy. — Concorde. — Daumesnil. — Dauphine. — Denfert-Rochereau. — Etats-Unis. — Etoile. — Europe. — François 1er. — Hotel-de-Ville. — Italie. — Ledru-Rollin. — Louvois. — Louvre. — Madeleine. — Malesherbes. — Nation. — Notre-Dame. — Opéra. — Palais-Bourbon. — Palais-Royal. — Panthéon. — Parvis de Notre-Dame. — Pont Saint-Michel. — République. — Place Rivoli. — Saint-Georges. — Saint-Germain des Prés. — Saint-Michel. — Saint-Sulpice. — Théâtre Français. — Trocadéro. — Trône. — Valhubert. — Vendôme. — Victoires. — Ventimille. — Vosges. — Voltaire.

PASSAGES — Paris possède de nombreux passages traversantles pâtés de maisons et pouvant raccourcir de beaucoup les distances.

Nous notons ici les principaux passages :

Allemagne, de la rue d'Allemagne à la rue de Meaux.
Brady, faubourg Saint-Martin, rue du faubourg Saint-Denis.
Choiseul, rue des Petits-Champs, rue Saint-Augustin.
Colbert, rue des Petits-Champs, Galerie-Colbert.
Delorme, rue de Rivoli, rue Saint-Honoré.
Hàvre rue Caumartin, rue Saint-Lazare.
Industrie, faubourg Saint-Martin, faubourg Saint-Denis.
Madeleine, place de la Madeleine, rue de l'Arcadie.
Main-d'Or, faubourg Saint-Antoine, rue de Charonne
Opéra, boulevard des Italiens, rue Chauchat.
Panoramas, rue Feydeau, rue Saint-Marc.
Pasquier, rue de l'Arcade, rue Pasquier.
Princes, boulevard des Italiens, rue de Richelieu.
Radziwill, rue de Valois, rue de Radziwill.
Richelieu, rue de Montpensier, rue de Richelieu.
Saulnier, rue Richer, rue Lafayette.
Saumon, rue Montorgueil, rue Montmartre.
Verdeau, rue Grange-Batelière, rue faubourg Montmartre.
Véro-Dodat, rue J.-J. Rousseau, rue de Bouloi.

La Seine. — La Seine prend sa source au mont Tasselot, dans la commune de Chanceaux, département de la Côte-d'Or. — Elle reçoit à Paris deux affluents, la Bièvre et le Canal Saint-Martin, qui lui apporte les eaux de l'Ourcq.

Ponts. — La Seine a 28 ponts dans l'intérieur de Paris, le premier au sud-est est le pont National qui sert pour le Chemin de fer de Ceinture et aussi comme pont ordinaire. Vient ensuite le pont de Tolbiac, puis le pont de Bercy, suivi du pont d'Austerlitz. Les ponts de Sully joignent les extrémités sud-est de l'île Saint-Louis aux deux rives. Du milieu de cette île partent deux ponts, le pont de Tournelle et le pont Marie.

A l'extrémité ouest de l'île Saint-Louis se trouvent 3 ponts, le pont Saint-Philippe allant de l'île Saint-Louis à la rive droite, le pont Saint-Louis joignant l'île Saint-Louis à la cité et le pont de l'Archevêché joignant la cité à la rive gauche. Plus bas toujours partant de la cité, nous voyons le pont d'Arcole à droite et le pont au Double à gauche. Le pont Notre-Dame et le petit pont viennent ensuite, puis le pont au Change et le pont Saint-Michel. La cité finit au Pont-Neuf qui porte la statue de Henri IV. — Comme nous le voyons la cité est largement reliée à la terre ferme.

Après vient le pont des Arts, seulement pour les piétons, puis le pont du Carrousel ou des Saints-Pères qui lorsqu'il est traversé par un lourd véhicule oscille et tremble comme s'il allait arriver un accident. Vis-à-vis la rue du Bac est le pont Royal, puis en face des Tuileries le pont Solférino, entre la Chambre des Députés et la place de la Concorde, on peut remarquer le pont de la Concorde fait en partie avec des pierres provenant de la démolition de la Bastille, le pont des Invalides, le pont de l'Alma, le pont d'Iéna. La passerelle de Passy vient ensuite, elle traverse l'île des Cygnes et est seulement réservée aux piétons. L'autre extrémité de l'île des Cygnes est traversée par le pont de Grenelle et enfin le pont d'Auteuil qui sert aussi de viaduc au chemin de fer de ceinture.

Comme on a pu le remarquer, la Seine renferme dans l'intérieur de Paris l'île Saint-Louis et la cité sans parler de l'étroite langue de terre appelée l'allée ou île des Cygnes entre les ponts de Passy et de Grenelle.

Quais. — Les quais de la Seine dans l'intérieur de Paris sont de deux sortes, les uns constituent un simple mur ou un talus de pierre, les autres ont plus bas que le niveau des rues une sorte de second quai pavé qui sert de débarcadère et qui est absolument réservé au service de la navigation.

DEUXIÈME PARTIE

MONUMENTS DE PARIS

Arcs de Triomphe

Arc de triomphe de l'Etoile. — L'Arc de triomphe de l'Etoile est situé à l'extrémité de l'avenue des Champs-Elysées. Il fut érigé en 1806 pour célébrer la gloire de l'armée française. Sa hauteur est de 49 mètres. Beaux groupes représentant le départ, le triomphe, la résistance et la paix. Bas reliefs représentant les funérailles de Marceau, la bataille d'Aboukir, la prise d'Alexandrie, la bataille d'Austerlitz, celle de Jemmapes, groupes exécutés par divers artistes de talent.

L'intérieur du monument peut être visité et un escalier vous conduit au sommet d'où l'on découvre une vue magnifique.

L'Arc de triomphe du Carrousel. — Fut construit la même année que celui de l'Etoile, il était placé en face de l'entrée principale des Tuileries. C'est une reproduction de l'arc de Septime sévère à Rome. La hauteur est de 14 mètres, la largeur de 19 mètres. Les faces sont décorées de bas reliefs représentant des épisodes du premier empire. Un char traîné par quatre chevaux en couronne le faîte.

Porte Saint-Denis. — La porte St-Denis date de 1673 et fut construite par Blondel en l'honneur de Louis XIV. Elle est bâtie sur l'emplacement des anciennes enceintes de Paris A remarquer le bas relief représentant Louis XIV à la tête de son armée au passage du Rhin, puis l'entrée à Maestricht. Elle a 24 mètres de hauteur.

Porte Saint-Martin. — La porte St-Martin se trouve non loin de la porte St-Denis à l'intersection des boulavards St-Denis et St-Martin ; elle fut construite en 1674, un an après l'autre, pour célébrer la conquête de la Franche-Comté. On y voit représentés en bas reliefs la prise de Besançon, la triple alliance, la pri de Fribourg et le désastre des Allemands. Elle a 19 mètres c. hauteur.

Abattoirs

Paris possède trois grands abattoirs dont les plus importants sans contredit, sont ceux de la Villette près du grand marché aux bestiaux de même nom et dont ils ne sont séparés que par le canal de l'Ourcq. Visiter les nombreux échaudoirs et les cours spacieuses. Les seconds sont ceux de Grenelle et enfin les abattoirs de Villejuif près de la place d'Italie.

Aqueducs

Aqueduc d'Arcueil. — Au village du même nom situé à 6 kil. sud de Paris, fut construit sous le second Empire et terminé sous la troisième république, amène les eaux de la Vannes au réservoir de Montsouri qui peut contenir 300.000 mètres cubes.

Aqueduc de la Dhuis. — Fut construit en 1862, longueur 131 kilomètres.

Aqueduc de la Vannes. — Servant à faire arriver les eaux de la Vannes dans le réservoir de Montsouri. Cet aqueduc long de 175 kilom. fournit 90.000 mètres cubes par jour.

Archives

Le palais des Archives est situé rue des Archives, continuation de la rue des Billettes. Le palais occupe l'emplacement du palais d'Olivier de Clisson, connétable de France et fut bâti au commencement du XVIII° siècle par François de Rohan prince de Soubise. On entre à travers une cour qui donne rue des Francs-Bourgeois. Les sculptures qui ornent le fronton de l'entrée sont par Lelorrain, une porte à deux tours ornées d'armoiries sont tout ce qui reste du vieux palais.

Les documents publics et officiels commencèrent à être réunis par la Convention en 1794 et furent déposés aux Archives en 1808.

La collection est divisée en 4 départements, les départements : du secrétaire, historique, administratif et judiciaire. Le musée paléographique est divisé en 6 salles qui vont par ordre chronologique.

La première salle contient ce qui a rapport aux temps mérovingiens et carlovingiens et aux évènements qui illustrèrent les Capétiens. C'est dans cette chambre que sont les pièces relatives au procès de Jeanne d'Arc.

Dans la seconde salle sont déposés dans des vitrines l'Edit de Nantes (1598) ; la révocation de cet édit par Louis XIV en 1685 ; lettres de Catherine de Médicis et de Marie Stuart.

La troisième salle a rapport à la maison de Bourbon. Parmi d'autres documents intéressants figuront : Le procès verbal du procès de Marie Antoinette ; le discours de Louis XVI devant la Convention ; le journal de ce roi et le certificat de son inhumation. Dans une autre vitrine le testament de Louis XVI exécuté au Temple et la dernière lettre écrite par Marie Antoinette. On a souvent mis en doute l'authenticité de ces deux derniers documents.

La quatrième salle contient les cahiers du Tiers-Etat (1789), la déclaration des droits de l'homme et la résolution décidant la démolition de la Bastille.

La cinquième salle ne renferme que des documents relatifs à la Révolution française, parmi eux le Serment du Jeu de Paume avec les signatures et quelques lettres de Charlotte Corday.

La dernière salle (Consulat et Empire) renferme des documents d'un intérêt moindre, mais le visiteur doit observer une curieuse peinture allégorique du temps de Henri IV représentant l'Eglise sous la forme d'un vaisseau faisant le tour du monde et des hérétiques (parmi lesquels Henri IV) se noyant à ses côtés. Ce tableau curieux fut découvert dans une église de jésuites en 1702.

Il y a une autre salle, la salle des documents qui n'est pas ouverte au public. Elle renferme les papiers d'État, solidement reliés en cuir et un coffre-fort, construit par ordre de l'Assemblée nationale de 1791 pour y déposer les étalons des nouveaux poids et mesures adoptés alors. Un modèle de la Bastille fait avec des pierres provenant des ruines de cette forteresse est à remarquer ainsi que les clefs de cette prison d'État. Le musée sigillographique ou collection de sceaux est au rez-de-Chaussée vis-à-vis l'entrée principale. Il contient une collection complète de sceaux et de médaillons depuis les premiers mérovingiens jusqu'au xix⁰ siècle.

Bibliothèques

Bibliothèque Nationale. — Ouverte de 10 heures du matin à 4 heures après-midi tous les dimanches les jours de fête et la dernière quinzaine de l'avent. Des cartes peuvent être obtenues chez le conservateur, 8, rue des Petits-Champs. Les étrangers doivent être recommandés par l'Ambassade de leur pays. Le public n'est admis qu'à la vieille salle de lecture et à la collection des monnaies. — L'édifice dans lequel est renfermée la Bibliothèque Nationale a été connu sous le nom de Bibliothèque Royal ou Impériale sous chaque monarchie et de Bibliothèque Nationale sous chaque République. Il comprend un pâté de maisons borné par quatre rues : Richelieu, Colbert, Vivienne et des Petits-Champs, et est situé entre la Bourse et le Palais-Royal. — Cet immense bâtiment est devenu insuffisant pour contenir la masse augmentante des collections et on construit actuellement une annexe qui sera presque aussi grande que l'édifice principal. L'entrée de la salle de lecture est rue Colbert, l'entrée des étudiants est rue Richelieu. On peut se rendre compte de l'accroissement des collections quand on saura que sous Louis XIV il n'y avait que 40,000 volumes et 1,100 manuscrits. Maintenant on compte 4 millions de livres et 200,000 manuscrits. Ces collections furent divisées en 1838 en quatre départements : Livres imprimés, manuscrits, monnaies et médailles et gravures. — Ce dernier département comprend 8,000 volumes et plus d'un million de gravures. Parmi les souvenirs conservés ici, se trouve le cœur de Voltaire. Le département des imprimés contient un plus grand nombre d'œuvres rares que n'importe quelle collection d'Europe, on y trouve les plus beaux Elzévirs

et aussi une splendide collection de reliures anciennes et modernes parmi lesquels 30 ouvrages reliés par Grola.

La salle de lecture publique (ancienne), entrée rue Colbert,
peut recevoir cent étudiants. Comme la salle de lecture du Bri-
tish museum elle contient toutes les publications littéraires,
scientifiques et autres.

La salle des Globes, ouvrant sur la salle de lecture contient
deux globes ayant chacun 5 mètres de diamètre. Sur le globe
terrestre on peut se rendre compte de l'état de la géographie à
la fin du 17e siècle et sur le globe céleste, la position des étoiles
à la naissance de Louis XIV.

La salle de travail, fut bâtie en 1868, elle peut contenir 850
personnes et réunit l'élégance à la commodité.

Le département des cartes géographiques, contient la plus
belle collection de cartes et de plans en relief, qui soit au monde.
On y voit plus de 250,000 cartes en toutes langues, même en
Japonais et en Chinois, des cartes Côtières de grande antiquité, des cartes et des plans de Paris et autres villes.

Le département des médailles et des antiques date de Louis
XIV et contient plus de 200,000 spécimens qui renferment des
curiosités, d'une valeur immense, de Grèce, Rome, Egypte et
Syrie.

Le principal objet d'intérêt un monument zodiacal rapporté de
Denderah et placé dans le vestibule ; ce monument causa beaucoup de discussions dans les milieux scientifiques jusqu'à ce
qu'il fut découvert que le temple de Denderah ne datait que du
commencement de l'Empire Romain et il fut dès lors évident
que les Egyptiens avaient emprunté le zodiaque aux Grecs.

Les médailles et les antiques sont en tel nombre que le visiteur qui veut le voir avec soin doit consacrer beaucoup de temps
à cette visite. Nous ne pouvons que le renvoyer à un catalogue
bien fait.

Dans la collection des camées et des pierres taillées nous ne
pouvons qu'indiquer comme les plus belles :

Dans la vitrine 2, le sceau de Michel Ange (renaissance) et
deux bracelets de Diane de Poitiers.

Dans la vitrine 3, Jupiter couronné de lauriers, camée donné
par Charles II à la cathédrale de Chartres en 1537.

Dans la vitrine 4, un gobelet d'agathe appelé la coupe des
Ptolemées, la coupe de Chosroès (379 avant J.-C.), le célèbre

camée (le plus grand au monde) représentant l'apothéose d'Auguste, la Patère de Rennes, coupe pour les sacrifices en or massif et une pièce de monnaie Grecque pesant cent grammes d'or.

Dans la vitrine 5, monnaies romaines; vitrine 6, monnaies grecques; vitrine 7, monnaies françaises.

La principale curiosité de la vitrine 8 est le trésor d'argent de Villeret trouvé par un laboureur près de Bathouville en Normandie en 1850 et qui consiste en 7 statuettes d'argent datant du 2ᵉ siècle avant J.-C.

Les niches des murs renferment des statuettes de bronze, de la poterie, des armes et de nombreuses antiquités du moyen âge. La salle de Luynes, collection de curiosités, offerte à la bibliothèque par le duc de ce nom est à droite de la salle principale. On fait des cours dans une des salles du rez-de-chaussée les mardis ainsi que des conférences d'archéologie.

Bibliothèque de l'Arsenal. — Cette collection la plus belle de Paris après la bibliothèque Nationale, est renfermée dans le vieil Arsenal de la rue de Sully. Elle est ouverte tous les jours, dimanches et fêtes exceptés, de 10 h. à 3 h. après-midi. Elle devint la propriété du comte d'Artois en 1785; la République se l'appropria en 1791 mais le comte d'Artois en redevint propriétaire en 1815. En 1830, elle devint encore la propriété du Gouvernement et l'est restée depuis. Cette bibliothèque à 450,000 volumes et 8,000 manuscrits. A cause de sa position écartée elle n'est pas si fréquentée que la bibliothèque Nationale, mais bien des lecteurs amateurs de vieux prosateurs français préfèrent la bibliothèque de l'Arsenal, peut être parce qu'elle n'est pas si encombrée. Elle est surtout riche en vieille poésie française et en pièces de théâtres dont beaucoup furent jouées comme mystères.

Bibliothèque Mazarine. — Fondée par Mazarin qui y mit environ 12,000 volumes à la disposition du public. Originairement cette bibliothèque était dans l'hôtel Mazarin, maintenant occupé par la bibliothèque Nationale. Ce ne fut qu'ensuite qu'elle fut transférée au Palais de l'Institut. Aujourd'hui elle contient 300,000 volumes et 58,000 manuscrits. Ouverte tous les jours de 10 à 4 heures.

Vacances du 1er juillet au 1er septembre.

Bibliothèque des Beaux-Arts. — Palais des Beaux-Arts, 14, rue Bonaparte. Contient 11,000 volumes relatifs aux Beaux-Arts et à l'Architecture. Ouverte aux étudiants, pourvu d'une carte d'admission, chaque jour (dimanche et jours fériés exceptés) de midi à 5 heures en hiver. Vacances du 1er août au 1er octobre

Bibliothèque de l'École de Droit. — A la Faculté de Droit, place du Panthéon, 15,000 volumes.

Bibliothèque de l'École de Médecine. — Ecole de Médecine 1er étage, 95,000 volumes.

Bibliothèque de l'École des Mines. — 60,000 volumes.

Bibliothèque du Conservatoire de Musique. — Peu remarquable.

Bibliothèque du Conservatoire des Arts et-Métiers. — Dans le réfectoire de ce vaste établissement. Les livres ont pour la plupart rapport aux sciences industrielles et sont surtout destinés aux artistes. Ouverte chaque jour sauf le lundi, de 10 à 3 heures et chaque soir, sauf le dimanche et lundi, de 7 h. 30 à 10 heures.

Bibliothèque de l'Institut. — Bibliothèque non publique mais chaque membre de l'Institut peut procurer une entrée pour un an, à l'expiration duquel le billet doit être renouvelé. Environ 100,000 volumes, généralement encyclopédiques et beaucoup plus scientifiques que littéraires.

Bibliothèque du Jardin des Plantes. — Très complète, plus de 100,000 volumes concernant surtout l'histoire naturelle.

Bibliothèque de l'Opéra. — Ouvrages de théâtre et partitions, autographes, brochures, estampes, dessins, etc. Consacrée en un mot à l'histoire du théâtre et de la musique.

Bibliothèque Sainte-Geneviève. — A Côté du Panthéon. Beau bâtiment sur l'emplacement du collège Montaigne. Fondée en 1621. Beaucoup de manuscrits et d'Elzevirs. 180,000 volumes et 3,000 manuscrits. Ouverte de 10 h. à 3 h. et de 6 à 10 h. du soir. Vacances du 1er septembre au 15 octobre.

Bibliothèque de la Sorbonne. — Environ 120,000 volumes et 1,000 manuscrits. Jusqu'au commencement du second Empire cette bibliothèque ne fut ouverte qu'aux cinq facultés de Paris; maintenant elle est publique et surtout fréquentée par des étudiants qui se préparent aux examens. La plus grande partie des ouvrages à rapport aux classiques anciens et à la théologie.

Bibliothèque de l'Université. — A la Sorbonne. 110.000 volumes et manuscrits.

Bibliothèque historique de la Ville de Paris. — Hôtel Carnavalet, 23, rue de Sévigné, 60,000 volumes, spécialement riche en informations sur la Ville de Paris. Ouverte tous les jours, dimanches et fêtes exceptés, de 10 à 4 heures en hiver et de 11 à 5 heures en été. Vacance du 15 août au premier lundi d'octobre.

Canaux

La Seine se trouve réunie à l'Ourcq, affluent de la Marne par le Canal de l'Ourcq qui lui-même se subdivise en deux branches, l'une allant au N.-O. le Canal St-Denis, l'autre au Sud, le Canal St-Martin.

Le Canal de l'Ourcq arrivé à la rue de Crimée s'élargit pour former le bassin de La Villette. Le Canal St-Denis va du Canal de l'Ourcq à la Seine. Le Canal St-Martin part du bassin de La Villette et va rejoindre la Seine. Son parcours est souterrain en grande partie.

Casernes

Les casernes de Paris sont situées dans tous les quartiers, elles sont saines, spacieuses et aussi appropriées que possible au logement de l'armée. Voici par ordre alphabetique leurs noms.

Casernes de Babylone — de la Banque — de Bercy — de Bellechasse — des Célestins — du Château-d'Eau — de la Cité — de l'École Militaire — de Grenelle — de Lourcine — Mouffetard — Napoléon — Nouvelle France — du quai d'Orsay — de la Pépinière — de Reuilly — des Tourelles — de Tournon.

Catacombes

Les catacombes sont de vastes souterrains provenant de carrières autrefois exploitées et dont certaines remontent aux temps des Germains. Tour à tour reprises et abandonnées, on a bâti avec les pierres extraites une grande partie des monuments de Paris. Elles ne servaient qu'à donner asile aux vagabonds et fabricants de fausse monnaie, quand en 1780 on commença à y transporter les ossements du cimetière des Innocents, de certaines paroisses et abbayes. Sous la révolution on y jeta un nombre incalculable de cadavres pele-mele et sans ordre. Sous le premier empire, on s'occupa de ranger ces ossements dans un certain ordre, on aggrandit les galeries en décorant les murs de cordons d'ossements et de crânes. L'aspect des catacombes est sombre, on y respire une atmosphère viciée et humide; ce sont en générale de longues galeries aboutissant à des carrefours; on y voit une fontaine appelée la Samaritaine; plus loin un plan de la ville de Port-Mahon fait par un ancien soldat ocsupé a la reconnaissance de ces longues galeries. Çà et là les murs portent des inscriptions latines et françaises tirées de la Bible ou des psaumes. Chaque galerie correspond à une rue et souvent même le numéro de la maison correspondant au-dessus est inscrit sur le mur de la galerie.

9 Les catacombes sont sur la rive gauche, sous le faubourg St-Jacques, la plaine de Monssouri. Pour les visiter on descend un escalier situé place Denfert-Rochereau, la sortie se fait rue Dareau. Il faut une autorisation du directeur des travaux de Paris. La visite se fait les 1er et 3e samedis de chaque mois.

Cimetières

Ouverts au public de 6 h. du matin à 7 h. du soir en été et 7 h. 1/2 du matin à 4 h. 1/2 du soir en hiver.

Cimetière du Père-Lachaise. — Ce cimetière le plus important de Paris est situé boulevard de Ménilmontant sur l'emplacement d'une propriété ayant appartenu au confesseur de Louis XIV. Il renferme les restes de nombreux hommes illustres et de milliers de noms connus dont il serait trop long de faire l'énumération complète bornons-nous à citer les tombes de : Arago, Auber, H. de Balzac, Caillon Barrot, Beaujour, Beaumarchais, Béranger, Claude-Bernard, Bernardin de St-Pierre, Prince Bibesco, Blanqui, Boieldieu, Brillat-Savarin, Breguet, Brongniart, Cambacérès, Champollion, Chaptal, Cherubini, Chopin, Clément-Thomas, Carot, Mme Cottin, Victor Cousin, Crocé-Spinelli, Cuvier, David d'Angers, Davoust, Dejazet, Casimir Delavigne, Delescluze, Jacque Delille, Princesse Demidoff, de Sèze, Dupuytren, Érard, général Foy, Gay Lussac, Gouvion-Saint-Cyr, de Grammond, Grétry, Grouchy, Hallez, amiral Hamelin, Héloïse et Abélard, Hérold, Ingres, Junot, Kellermann, Labédoyère, de Lacretelle, Laffitte, La Fontaine, La Harpe, Lallande, Lameth, la Rochefoucauld, Lavalette, Lavoisier, Lebrun, Ledru Rollin, Lesueur, Lesurques, Macdonald, Mlle Mars, Masséna, Méhul, Mérimée, Michelet, Molière, Montmorency, de Morny, Mortier, A. de Musset, Nélaton, Ney, Nodier, Pigault Lebrun, Pradier, de Prat, Rachel, Racine, Raspail, Ricord, Rochebrune, Roger de Beauvoir, Rossini (exhumé), de Rothschild, de Rovigo, Royer Collard, Saint-Simon, Paul de St-Victor, J.-B. Say, Schneider, Scribe, Serrurier, Frédéric Soulié, E. Souvestre, Suchet, Sidney Smith, Talleyrand-Perigord, Talma, baron Taylor, Thiers, de Tracy, Turgot, Maréchal Victor, Visconti, Volney. On trouve à l'entrée du cimetière des guides qui moyennant rétribution se chargent de vous faire voir les curiosités de cet asile de repos.

Cimetière Montmartre. — Situé boulevard de Clichy, il est moins important que le Père-Lachaise, mais contient néanmoins des tombeaux célèbres. Citons ceux de d'Aguesceau, Ary Scheffer, Bourgainville Cavagnac, Clapisson, Daru, Delaroche, Th. Gautier, Mme de Girardin, Greuse, Halévy, Lannes, Offenbach, Pigale, Ponson du Terrail, Rivière, Ségur, Vernet, etc.

Cimetière de Montparnasse. — Situé sur le boulevard Edgar-Quinet. Tombes principales : Dumont d'Urville, Gérard-Jouffroy, Larousse, P. Loriquet, H. Lebas, Littré, H. Martin, Montalembert, Orfila. Edgar Quinet, P. Ravignan, les quatre Sergents de la Rochelle, Le Verrier, etc.

Cimetière de Picpus. — Avec les restes des plus grandes famille de France, puis le tombeau de La Fayette ; les victimes de la Révolution y furent jetées pêle-mêle.

Cimetière Ste-Marguerite. — Près de l'église du même nom contient le tombeau du dauphin fils de Louis XVI.

Outre ces cimetières il en existe d'autres disséminés autour de Paris : Auteuil — Bagneux — Batignolles — Belleville — Bercy — Calvaire — La Chapelle — Charonne — Grenelle — Ivry — Pantin — Passy — St-Ouen — St-Vincent — Vaugirard — La Villette, etc., etc.

Cités Ouvrières

L'Assistance publique a essayé de soulager la misère de Paris en mettant à la disposition des indigents des établissements où on leur donne le coucher et quelque nourriture. Ces maisons se trouvent dans presque tous les quartiers surtout dans ceux où la misère est grande et sont généralement connues sous le nom d'hospitalité de nuit. Il existe également des Cités ouvrières donnant le logement aux ouvriers moyennant un loyer très peu élevé, mais pour ne pas aliéner leur indépendance, beaucoup de malheureux préfèrent supporter une misère encore plus noir et ne dépendre que d'eux mêmes. Ces Cités ont été bâties notamment aux Batignolles, à La Chapelle, à Grenelle. La plus importante est la Cité Dorée sur le boulevard Diderot.

Colonnes

La colonne Vendôme. — Se trouve sur la place Vendôme entre la rue de Castiglione et la rue de la Paix. Elle fut érigée de 1806 à 1810 pour célébrer la gloire de l'armée française pendant la campagne Anstro-Russe de 1805. C'est une colonne imitant la colonne Trajane, mesurant 44 mètres de hauteur, construite en maçonnerie recouverte de plaques de bronze provenant de la fonte de 1200 canons pris aux Autrichiens et aux Russes. Au bas de la colonne, bas reliefs remarquables représentant des faits de la campagne de 1805. Elle est surmontée de la statue de Napoléon Ier en empereur Romain. Ce monument a été abattu, comme on le sait, par les communards en 1871 ; en 1874, elle fut refaite absolument comme l'ancienne d'après le modèle que l'on avait et que tout le monde peut voir à l'hôtel des monnaies. La statue de Napoléon qui la couronne a été tour à tour enlevée en 1814, remplacée par une fleur de lys, puis remise sous le costume légendaire pendant le règne de Louis Philippe, enfin Napoléon III transforma le costume et fit poser la statue telle qu'on la voit encore aujourd'hui.

Un escalier de 176 marches permet de monter au sommet.

Colonne de Juillet. — Au milieu de la place de la Bastille s'élève une colonne de bronze montée sur un piédestal en marbre blanc et qui a pour nom Colonne de Juillet. Sa hauteur est de 47 mètres. Elle fut érigée en 1810 d'après les plans de Alavoine et Duc en l'honneur des victimes de la Révolution de 1830. Sur la colonne sont inscrits les noms des 615 victimes de juillet qui reposent dans les caveaux situés au-dessous de la colonne. On peut visiter ces caveaux dans lesquels se trouve un énorme sarcophage. Au sommet de la colonne, une statue dorée représentant le Génie de la liberté tenant d'une main le flambeau de la civilisation, de l'autre des chaînes brisées. Le piédestal est orné de 24 médaillons de bronze ; aux quatre coins des coqs Gaulois.

Un escalier conduit à la lanterne d'où, quand le temps est clair, l'on a un coup-d'œil magnifique. En 1871 les communards voulant faire sauter le quartier, bourrèrent de poudre les caveaux, la catastrophe était imminente quand les Versaillais pénétrant dans Paris forcèrent les insurgés à retirer cette poudre pour défendre leurs positions.

FONTAINES — GYMNASE — EGLISES

Saint-Ambroise. — Boulevard Voltaire ; construite de 1863 à 1860, par La Ballu. Style roman; ornée de deux tours de 68 mètres.

Assomption. — Rue St-Honoré ; construite de 1670 à 1676, rotonde construite à l'imitation du Panthéon de Rome. Coupole par Delafosse. Ouverte au public le dimanche et pendant les offices.

St-Augustin. — Boulevard Malesherbes. M. Baltard, architecte. Mélange de tous styles. Portail à 3 arcades au dessus desquels les statues des 12 apôtres, le tout surmonté d'une rosace. Dôme de 50 mètres de hauteur orné aux quatre coins de tourelles byzantines. Au dessus du dôme, élégante lanterne au sommet de laquelle se trouve une croix dorée. Nefs sans bas-côté. Chapelles latérales allant en s'agrandissant à mesure qu'elles avancent vers le chœur. Tribunes autour de la coupole. Baldaquin élégant. Vaste crypte. Peintures de Bouguereau et Signol.

St-Bernard. — Rue Affre. À La Chapelle ; construite de 1858 à 1861. Style ogival, architecte Magne, 12 chapelles. Sculptures par Geoffroy Decheaume, Michel Pascal. Peintures, par Robert Fleury, Loustan, Macquerie, Jacquand. Vitraux, par Gsell, Laurent, Oudinot.

Chapelle expiatoire. — Rue d'Anjou-St-Honoré. Bâtie par Percier et Fontaine de 1820 à 1826 par les ordres de Louis XVIII. Cette chapelle a été élevée sur un emplacement de l'ancien cimetière de la Madeleine où les restes de Louis XVI et de Marie Antoinette reposèrent jusqu'en 1815 époque à laquelle ils furent transportés à St-Denis.

Cette chapelle est bâtie au milieu d'un petit square ; pour arriver au monument on suit une sorte de galerie simulant des tombeaux. La chapelle est en forme de croix grecque surmontée d'une coupole. A l'intérieur monument par Bosio représentant Louis XVI soutenu par un ange lui disant ces paroles connues : « Fils de Saint-Louis montez au ciel ». Au dessous du monument le testament du roi. Plus loin, statue, par Cortot, de la reine Marie-Antoinette dans les bras de la religion représentée sous les traits de Madame Elisabeth, sœur du roi. Au bas du monument dernière lettre de la reine à Madame Elisabeth.

A droite et à gauche de l'autel partent des escaliers conduisant à la crypte creusée à l'endroit où était le corps du roi. On conserve encore la terre et la chaux ayant touché au cadavre.

Sainte-Chapelle. — Construite de 1215 à 1248. La Sainte-Chapelle est visible gratuitement tous les jours de midi à 4 h. sauf les lundis et vendredis. Attenant au Palais de Justice, autrefois Palais des Rois, elle fut construite d'après les plans de Pierre de Montereau, pour contenir les saintes reliques que St-Louis avait rapportées de la Croisade. Ces reliques consistant en la couronne d'épines et un morceau de la vraie Croix, sont maintenant déposées à Notre-Dame.

Ce monument surmonté d'une élégante flèche à la forme d'un reliquaire, c'est un des plus beaux spécimens du genre gothique; deux fois détruit par le feu, Viollet le Duc lui rendit en 1821 sa forme primitive; en 1871 entourée de flammes de toutes parts, la Sainte-Chapelle ne fut épargnée que grâce à l'espèce de cuirasse dont on l'avait revêtue. Elle se compose de deux chapelles superposées, la première, chapelle inférieure, servait autrefois aux domestiques et aux officiers inférieurs de la cour. Elle est soutenue par 40 colonnes supportant des arcs de voute avec clefs remarquables. Au dessus de cette crypte s'élève la chapelle supérieure aux dorures éclatantes. Elle est percée de 15 fenêtres garnies de splendides vitraux représentant des scènes de la Bible et artistement restaurés. Belles statues des apôtres et baldaquin gothique dans le haut duquel se trouvaient les saintes reliques. A remarquer la loge grillée dans laquelle le roi Louis XI avait coutume d'entendre la messe sans être vu.

Sainte-Clotilde. — Place Bellechasse. Eglise moderne construite en 1846 par Gau et Ballu dans le style gothique du XIVe siècle. Façade à trois portails, deux flèches hautes de 60 mètres. A l'intérieur, aspect sévère, l'autel est richement doré et orné de pierreries, à chaque fenêtre, splendides vitraux par Amaury Duval, Galimard, Hesse, etc., peintures de Brisset, Bezard, Bouguereau, Chancel fils et Delaborde.

Saint-Denis du Saint-Sacrement. — Rue de Turenne, église construite en 1828 par Godde dans le style Néo-Grec. A l'intérieur quelques belles toiles par Eug. Delacroix, Pujol, Picot, Decaisne et Debay.

Sainte-Elisabeth. — Rue du Temple. Cette église date du XVIIe siècle et fut agrandie en 1820. Fonts baptismaux remarquables Belles boiseries sculptées, peintures par Calmels, Alaux, Roger.

Saint-Etienne du Mont. — Derrière le Panthéon. Cette église est un des plus anciens monuments de Paris tant par son architecture que par ses souvenirs historiques. C'est là que se trouve le tombeau de Ste-Geneviève, patronne de Paris, plus tard furent également enterrés dans cette église Pascal, Racine, Eustache Lesueur et Tournefort, enfin en 1857 Monseigneur Sibour y fut assassiné par le fanatique Verger. L'architecture est du XVIe et XVIIe siècle A l'entrée de St-Etienne-du-Mont se trouve un portail imposant flanqué d'une tour élégante, Résurrection de Debay. A l'intérieur les piliers sont réunis par

une galerie faisant le tour de la nef et du chœur, Saint-Sépulcre
avec figures en pierre, tableau de Jouvenet représentant la
peste ; à l'entrée du chœur magnifique Jubé attribué à Biard,
la Chaire de Lestocard et le buffet d'orgues sont des chefs-
d'œuvre de sculpture et de composition. Les vitraux sont de
l'enaigrier et Cousin. Tableaux de Largillière, Abel de Pujol,
Detroy, Sébastien, Bourdon et Philippe de Champagne. Dans la
Chapelle de Ste-Geneviève sont les reliques de cette sainte en-
fermées dans une châsse de toute beauté.

St-Eugène. — 1856, rue Ste-Cécile. — Eglise gothique entièrement peinte et dorée. Beaux vitraux. Les piliers sont remplacés par des colonnes en fonte.

St-Eustache. — 1532-1637. Eglise style gothique et renaissance
construite d'après les plans de Pierre Lemercier et continuée
par Charles David. Portail Ionique et dorique avec deux tours
dont une est inachevée. A l'intérieur la voute est d'une grande
hauteur, le maitre autel est de marbre blanc. Cinq nefs, sur les
bas cotés, 24 chapelles latérales. Beau buffet d'orgues. A remarquer dans les chapelles les peintures, sculptures et fresques dont
les principales sont : Le Mariage de la Vierge sculpté par Tri-
quette, la statue de la mère de Dieu par Pigalle ; un ecce homo
d'Etex, la Résignation de Chatrousse, l'ensevelissement de Giordano, le tombeau de Colbert par Lebrun et Goysevox, la vie et
le martyr de St-Eustache fresques par le Heqoff, l'adoration des
Mages fresque par Glaize. Bas reliefs par Devers, fresques de
Signol, statues par Debay. Les vitraux sont de Souligac, Laurent Gsell, Thevenot, Lasaye. Les personnages illustres qui
ont été inhumés dans cette église sont : Beusorade, le maréchal
de la Feuillade, Jean La Fontaine, l'amiral Tourville et Voiture.

La maltrise est remarquable et les offices se célèbrent avec
grande pompe.

St-François-Xavier. — 1860-1875. Boulevard des Invalides
Eglise construite par MM. Lasson et Uchard dans un style
renaissance. Peintures murales par Bouguereau, Cazes, Delaunay, Lemerre.

St-Germain-l'Auxerrois. — Située en face la colonnade du
Louvre, place du Louvre. Elle fut bâtie par Chilpéric ou Chil-
debert au VI° siècle et dédiée à St-Germain, ancien evêque de
Paris. Elle servit de citadelle aux Normands lors du siège de
Paris qui l'incendièrent avant de l'évacuer.

Elle fut bientôt rebâtie et le roi Robert I°r la dédia de nouveau à Saint-Germain-l'Auxerrois, cela probablement pour

empêcher la confusion avec Saint-Germain-des-Prés. Il est inutile de rappeler que ce fut de cette égl' e que partit le signal du massacre de la Saint-Barthélemy, le 24 août 1572.

L'église possède un porche avec cinq arches qui date du quinzième siècle, ce porche est surmonté d'une terrasse et au sommet du pignon qui s'élève au-dessus d'une fenêtre ogivale se trouve l'Ange du Jugement, statue de Marochetti. L'intérieur du porche est couvert de figures dorées représentant des saints et exécutées par Mottez. L'édifice a été complètement restauré sous Louis-Philippe, par Lassus. Le clocher a été ajouté après coup, il est moderne et gâte l'ensemble de la façade.

A l'intérieur on trouve cinq nefs et le cachet du quinzième siècle se retrouve dans les piliers des nefs, ceux du chœur ont été cannelés au dix-septième siècle.

Remarquez dans le transept de droite la descente de Croix de Guichard et le bénitier en marbre blanc d'après Mme de Lamartine qui en fournit le dessin au sculpteur Jouffroy. Dans la chapelle Notre-Dame, à droite, se trouvent de splendides boiseries et l'arbre de Jessé en pierre.

Les chapelles du chœur ont été restaurées par Lassus, les vitraux en sont admirables. La chapelle Notre-Dame de la Compassion, à gauche, est pourvue d'un superbe autel et d'un beau retable du moyen-âge.

Avant de sortir de l'église, remarquez les grilles du chœur en fer forgé et le banc d'œuvre.

Pour rétablir la symétrie, on a bâti à côté de l'église une mairie gothique et on a placé entre les deux une tour munie d'un carillon. Ces perfectionnements ont rendu les bâtiments parallèles à ceux du Louvre, mais au détriment du cachet que le monument avait gardé jusqu'alors.

Saint-Germain-des-Prés. — Cette église, la plus vieille de Paris, est une portion de l'Abbaye de Saint-Germain-des-Prés. Elle fut fondée par Childebert au milieu des prés qui l'avoisinaient alors. Pillée et à moitié détruite par les Normands, elle fut reconstruite au dixième siècle. On dit que la tour qui est encore debout est la même qui fut bâtie par Childebert. L'extérieur est de la période Normande, mais les restaurations gothiques peuvent être remarquées de toutes parts. L'intérieur présente un singulier mélange de nouveauté et d'antiquité. Les fresques qui décorent cette église ont presque toutes été peintes par Flandrin et sont placées parmi les plus beaux travaux modernes, celles du transept du nord sont par Cornu. On voit dans le chœur des colonnes en marbre blanc, ayant appartenu à l'église primitive.

A gauche de la nef en entrant, les fresques de Flandrin : 1º l'Annonciation et le Buisson ardent ; 2º Nativité de Jésus-Christ et promesse d'un Rédempteur ; 3º l'Adoration des Mages et la prophétie de Balaam ; 4º le Passage de la mer Rouge et le Baptême du Christ ; 5º l'Institution de l'Eucharistie et le sacerdoce de Melchissédec.

A droite, remarquez: 1· l'Ascension et les préliminaires du Jugement Dernier ; 2· la dispersion des hommes à Babel et la dispersion des Apôtres ; 3· Jonas sortant du ventre de la baleine, la résurrection du Christ et le sacrifice d'Abraham ; 5· La vente de Joseph et la trahison de Judas.

Dans le chœur, remarquez à droite de l'autel le Portement de la Croix et l'entrée de Jésus-Christ à Jérusalem, au-dessus se trouvent les douze apôtres et des personnages bibliques.

Le transept de gauche comprend le monument du roi de Pologne, la statue de Saint-François-Xavier par Coustou et en face de la chaire, le monument de Flandrin et d'autres belles peintures. Le transept droit comprend d'abord la chapelle de Notre-Dame de la Blanche, puis après quelques fresques, vous verrez le tombeau d'Olivier et de Louis de Castillon par Girardon. Admirez la belle statue de Sainte-Marguerite, au-dessus du maître-autel.

Le pourtour du chœur renferme plusieurs chapelles. Commençant par la droite, vous y remarquerez le tombeau de Jacques Douglas, dans la suivante observez les plaques en marbre noir dédiées à la mémoire de Descartes, de Mabillon et de Bernard de Montfaucon. Derrière le maître-autel se trouve une chapelle décorée de grisailles par Heim et consacrée à la Vierge; voir dans la chapelle qui suit les scènes de la vie de Saint-Pierre et de Saint Paul et dans celle qui y est adjacente le mausolée de Guillaume Douglas.

Dans la dernière chapelle il y a des peintures remarquables par Cornu.

Saint-Gervais et Saint-Protais. — Cette église est située derrière l'Hôtel-de-Ville. Le portail, œuvre de Jacques Debrosse, est du seizième siècle, il offre à la vue les trois ordres d'architecture grecque (Dorique, Ionique et Corinthien superposés) à la hauteur du second ordre, statues de Saint-Gervais et de Saint-Protais.

L'intérieur diffère essentiellement du portail et est d'une fort belle architecture gothique. Le principal caractère de cette église est son élévation. Les vitraux étaient superbes, mais peu ont échappé aux ravages du temps et aussi des hommes. Cette église était très riche en objets d'art qui ont été depuis enrichir les galeries du Louvre.

La nef est entourée de chapelles, sur l'autel remarquez les chandeliers en bronze doré et aussi les stalles du chœur qui sont magniquement sculptées ; au banc d'œuvre, voir le médaillon de Pérugin, représentant le Père Eternel.

Intérieurement aussi, au-dessus du portail de droite se trouve une copie de la descente de Croix de Rubens.

A remarquer comme vitraux, celui de Pinaigrier, le Jugement de Salomon et ceux de la chapelle de la Vierge aussi de Pinaigrier. Comme tableaux, à gauche, une peinture sur bois à compartiments d'Albert Dirier, le martyr de Juliette de Heim, à droite, Saint-Ambroise et Saint-Théodore de Couder et de nombreuses peintures murales par Dubuffe, Bruno, Delorme, Gigoux, Glaize.

A droite de la Chapelle de la Vierge on voit le tombeau de Michel Le Tellier, père du célèbre Louvois. Avant de quitter l'église, admirez dans le côté gauche du transept un bas-relief en pierre du treizième siècle représentant Jésus recevant l'âme de la Vierge, un retable de la Renaissance et aussi une réduction du portail de l'église.

Saint-Jacques Saint-Christophe. — Rue de Crimée à la Villette. Style formant un mélange de gothique et de roman.

Saint-Jacques-du-Haut-Pas. — Rue Saint-Jacques, entre le boulevard Saint-Michel et la rue Gay-Lussac; architecture insignifiante, beaux tableaux.

Saint-Jean-Baptiste. — Rue de Belleville; église de style gothique bâtie par Lassus. Le portail est orné de deux clochers surmontés d'une flèche octogonale.

L'intérieur est très beau et renferme des fresques et des peintures murales.

Saint-Jean-Saint-François. — Eglise du dix-septième siècle située rue Charlot et comprenant quelques beaux tableaux.

Saint-Joseph-des-Carmes. — Rue de Vaugirard, 78. Bâtie au commencement du dix-septième siècle, petit dôme surmonté d'une lanterne et le premier de ce genre construit à Paris.

Fresques et bas-reliefs. Le cœur de Mgr Affre se trouve au maître-autel.

Saint-Julien-le-Pauvre. — Rue du même nom, servit anciennement de chapelle à l'Hôtel-Dieu, mais le service ne s'y célèbre plus.

L'église actuelle date de 1170 mais les fondations sont beaucoup plus anciennes. Il n'y a qu'un vaisseau avec bas-côtés et chœur ; le chœur est entouré de chapelles. Le style est un mélange de roman et de gothique, c'est une des églises les plus curieuses qui nous restent du vieux Paris.

Saint-Lambert. — Eglise moderne bâtie dans le style roman (rue Gerbert à Vaugirard).

Saint-Laurent. — Au coin du boulevard de Strasbourg et du boulevard Magenta. Vieille église qui a été restaurée de nos jours. Deux nefs de chaque côté du chœur, beaux bas-reliefs de pierre dans les transepts. Le chœur a de vieux vitraux tandis que ceux de la chapelle de la Vierge sont modernes.

Pour satisfaire aux lois sur l'alignement on prolongea en 1851 la nef de l'Eglise. On voit sur la façade de l'Ouest des statues de Saints dans les niches. Le chœur a été décoré par Blondel et le maître autel par Lepautre. Remarquez à droite le martyre de Saint-Laurent par Greuze et en face Saint-Laurent au milieu des pauvres, par Trézel.

Saint-Leu Saint-Gilles. — Rue Saint-Denis. — Cette Eglise fut bâtie au 13e siècle; restaurée au 14e et devint une église paroissiale en 1611, en 1727 elle fut complaitement restaurée. Remarquez une belle chaise en bois sculpté. Les vitraux sont beaux quoique beaucoup aient été détruits. Quelques beaux tableaux.

Saint-Louis d'Antin. — Rue Caumartin. — Eglise grecque construite en 1783.

Saint-Louis-en-l'Ile. — Rue Saint-Louis (Ile Saint-Louis), — Le clocher est surmonté d'un obélisque à jour. Bâtie au milieu du 17e siècle dans le style de la Renaissance. Quelques tableaux de différents maîtres.

La Madeleine. — Commencée en 1763 par Constant d'Ivry, son successeur Couture changea les plans et bâtit la façade du Sud-Ouest. Napoléon voulut en faire un temple de la gloire et obligea l'architecte Vignon à changer ses plans. Celui-ci les reprit à la chute de l'Empire et fut remplacé en 1838 par Huvé qui acheva les travaux. La Madeleine fut consacrée en 1842. Cette église bâtie sur le modèle d'un temple grec forme un parallélogramme de 105 mètres de long sur 43 de large. Le soubassement sur lequel elle repose est haut de 6 mètres et de 28 marches tout autour, une superbe colonnade corinthienne formée de 52 piliers. Le portique fait le tour de l'église, il est surmonté d'une frise portant les figures d'anges admirablement sculptées. Le fronton de la façade représente le jugement dernier de Lemaire, ce fronton à 38 mètres 35 de long sur 7 mètres 15 de haut et porte l'inscription D. O. M. Sub Invocatione Sanctæ Mariæ Magdalenae. Sous le portique 34 niches renfermant des statues de saints et portes en bronze ornées de bas reliefs par Triqueti représentant les dix commandants. L'intérieur ne comprend qu'une nef divisée en quatre travées, la lumière vient de trois coupoles splendidement ornées de marbres et de dorures mais il fait généralement sombre. Le pavé est en marbre ainsi que les parois, les voutes superbes sont décorées par des sculptures de Pradier, Foyatier et Rudi. A gauche de l'entrée, le baptème de Jésus-Christ groupe en marbre de Rude se trouvant dans la chapelle des fonts baptismaux, à droite autre groupe, le mariage de la vierge de Pradier. Remarquez deux bénitiers en marbre par Moyne.

A droite première chapelle statue de Sainte-Amélie de Bra, Conversion de Madeleine, peinture de Schnetz, deuxième chapelle statue du Sauveur par Duret, Madeleine au pied de la croix, peinture de Bonchot, troisième chapelle, statue de Sainte-Clotilde par Barye, Madeleine en prière, peinture d'Abel de Pujol. A gauche première chapelle, statue de Saint-Vincent-de-Paul de Raggi, repas chez Simon le Pharisien et Madeleine lavant les pieds du Christ peinture de Couder, deuxième chapelle, la vierge de Sourre et Madeleine apprenant la résurection par Cognet, troisième chapelle statue de Saint-Augustin d'Etex, mort de Madeleine de Signol.

Au dessus du maitre autel groupe en marbre de Marochetti représentant l'assomption de Sainte-Madeleine, sur la coupole de l'hemicycle fresque de Ziégler représentant l'histoire du Christianisme, le dernier événement qui y soit reprensenté est le couronnement de Napoléon 1er par Pie VII. Dans la Crypte, tombe de M. Deguerry curé de la Madeleine fussilé à la Roquette pendant la Commune le 24 mai 1871.

La Madeleine n'est pas ouverte aux visitenrs avant 1 heure et après 4 heures.

Sainte-Marguerite. — Rue Saint-Bernard 28, rebâtie en 1712, belle peinture murales de Galloche, Guvée, Gigoux, Gleize, etc.

Saint-Médard. — Rue Mouffetard, date du milieu du 16e siècle, derrière le chœur il y a un vieux vitrail, tous les autres ont été détruits. Au siècle dernier le cimetière Saint-Médard vit les scandales causés par les convulsionnaires sur le tombeau du diacre Paris. Ce cimetière a été depuis remplacé par un square.

Saint-Merri. — Rue Saint-Martin, date du 16e siècle mais ne fut finie qu'au commencement du 17e. La porte d'entrée est richement décorée, elle est du style gothique le plus pur. Le portail aussi de style ogival, est flanqué d'une tour carrée et à gauche d'une petite tourelle pointue.

L'intérieur a été maladroitement restauré au 17e siècle les vitraux sont superbes, mais beaucoup ont été brisés pendant la révolution. Le maître autel moderne est très remarquable, il est surmonté d'un grand crucifix de marbre par Dubois. Remarquez à droite, 1re chapelle, les Pélerins de Coypel; à droite du maître autel, la vierge et l'enfant Jésus ; à gauche St-Charles Borromée priant, ces deux derniers tableaux de Vanloo ; à gauche 1re chapelle St-Jacques, conduit au supplice, de V. Coypel et beaucoup de fresques de Lafon, Glaize, Lehmann, Amaury Duval, Chasséviau, Cornu, etc.

Il y a peu d'églises d'un gothique aussi pur et il serait à souhaiter que les bâtiments qui l'entourent puissent être démolis.

Saint-Nicolas du Chardonnet. — Rue St-Victor et boulevard St-Germain. Cette église fut bâtie dans la seconde moitié du 17e siècle dans le style de la Renaissancee. Tableaux de Lebrun, Destouche, Corot, Coypel, etc.

Saint-Nicolas-des-Champs. — Rue St-Martin, date du 12e siècle, fut restaurée en 1420 et agrandie en 1575. Cette église n'a pas de transepts, il y a une nef, un chœur et une abside. De chaque côté de la nef il y a des bas-côtés et des chapelles qui font le tour de l'église. Le style est gothique mais pas très pur. Le portail est décoré de statues de saints et flanqué à droite d'une tour carrée, remarquer à l'intérieur le retable du maître autel, l'assomption de Simon Vouet, à gauche l'adoration des bergers par Coypel et les boiseries de l'orgue qui sont très remarquables.

Notre-Dame. — Cette église, cathédrale de Paris est située à l'Est de l'île de la Cité, c'est le plus beau monument de Paris, Notre-Dame fut commencée en 1163 par Maurice de Sully, archevêque de Paris.

En 1182 l'autel fut consacré et l'on y célébra l'office divin en

1185. Le chœur fut fini jusqu'aux transepts en 1196 et en 1235 la cathédrale fut réputée finie. Il est difficile de préciser les dates exactes des différentes périodes d'agrandissement ou de restauration de Notre-Dame pendant les premiers siècles de la fondation. L'église fut seulement finie au quinzième siècle, Louis XIV gâta l'église en ajoutant des ornements de marbre et de bronze. Au dix-huitième siècle l'église fut fort endommagée. Pendant la révolution elle servit de Temple de la Raison et on y célébra ensuite la fête fameuse dans laquelle une danseuse qui jouait le rôle de la déesse Raison reçut les honneurs divins. En 1802 Napoléon, alors premier consul rouvrit l'église et la rendit au culte. En 1845 Notre-Dame fut restaurée par Lassus et Viollet-le-Duc. Sur l'emplacement actuel de l'église, les Parisiens avaient élevé sous le règne de Tibère un autel à Jupiter ; on a aussi cru pendant longtemps que Notre-Dame était bâtie sur pilotis, mais le contraire fut prouvé lors des dernières restaurations. Il est à regretter que les alentours de Notre-Dame ne soient pas un peu plus dégagés, c'est du reste un défaut que les progrès de la civilisation ont rendu fréquent.

On entre à Notre-Dame de plein-pied tandis qu'avant le nivellement du sol il fallait gravir 13 marches.

La description de Notre-Dame peut se diviser en trois parties bien distinctes : la façade, l'intérieur et les tours.

Façade. — La façade de Notre-Dame est la plus belle partie de cette église, elle se divise en trois étages absolument distincts. Dans celui du bas trois baies gothiques richement décorées de figures en relief sculptées dans la pierre et représentant le jugement dernier, au-dessus de la porte du milieu se trouve un beau christ par Dechaume. Au-dessus des portes, une galerie à niches renfermant les statues de 28 rois. Dans l'étage du milieu se trouve la grande rose qui a un diamètre de treize mètres et devant laquelle on voit la statue de la vierge et les figures de deux anges, à côté de ce groupe les statues d'Adam et Eve ; à gauche deux fenêtres gothiques avec une rose entre le sommet des ogives. L'étage supérieur qui est une merveille d'architecture se compose d'une galerie superbe de minces colonnes décorées et avec trèfles à jour, au-dessus une belle balustrade et les tours dont nous parlerons plus loin. Les portails latéraux présentent de belles portes surmontées d'une rose superbe et d'un grand pignon flanqué de deux petits clochers. L'abside est soutenue par des arcs boutants de grande hardiesse. Quant à la flèche elle est de bois recouvert de plomb et fut construite par Viollet-le-Duc.

Intérieur. — Notre-Dame se compose d'une nef principale

avec deux bas-côtés, cette disposition continue derrière le chœur. De chaque côté de la nef au-dessus des bas-côtés grande tribune et galerie qui continue tout autour du chœur. Notre-Dame est un type du gothique ancien, beaucoup de fenêtres ont une forme de trèfle, d'autres sont ogivales doubles et surmontées d'une rose.

On se sent ému à l'aspect grandiose que présente la vieille église qui avec la Ste-Chapelle est un des monuments les plus purs de l'architecture du moyen âge. Les piliers sont ronds comme on les faisait au commencement de l'ère gothique. Dans la nef belle chaise de Viollet-le-Duc et splendide buffet d'orgues de Cliquot. La nef est coupée transversalement par un transept aux extrémités duquel se trouvent des vitraux superbes qui garnissent les roses des portails latéraux.

Le chœur est entouré de belles grilles, les visiteurs des chapelles entrent par une porte pratiquée dans la grille du côté droit du chœur, cette grille sépare l'église en deux parties et marque le commencement des chapelles qui entourent le chœur. Dans le chœur remarquer les boiseries magnifiques contenant les vingt-six stalles des dignitaires ecclésiastiques, sur ces stalles sont gravées des scènes de la vie de Jésus et de la Vierge. Le maître autel élevé sur des marches de marbre du Languedoc à un riche dais et des bas-reliefs superbes. Derrière est un beau groupe de sculpture par Coustou représentant la descente de croix, statues de Louis XIII et de Louis XIV. La visite des chapelles est gratuite. Remarquez le monument de Mgr. Affre, Mgr. Sibour et Mgr. Darbois, tous trois archevêques de Paris et assassinés le premier par les émeutiers de 1848, le second par un prêtre interdit en 1857 et le troisième par la commune de Paris en 1871.

Le trésor de Notre-Dame, à droite du chœur se montre pour 50 centimes, on y voit entr'autres curiosités la coupe d'or de l'empereur Emmanuel Commine (XIIe siècle), la croix que St. Vincent-de-Paul présenta à Louis XIII mourant, la balle qui tua Mgr. Affre en 1848, plusieurs reliques attribuées aux temps apostoliques apportées d'Orient par St-Louis, le manteau du sacre de Napoléon 1er et une quantité de riches ornements d'église, modernes pour la plupart.

Tours. — La façade est flanquée de deux tours carrées, on y monte par un escalier de 386 marches dans la tour du Nord. C'est dans la tour du Sud que se trouve le fameux bourdon pesant 16.000 kilogrammes et que l'on ne sonne que dans les grandes occasions. Il fut fondu en 1685 et eu pour parrain et marraine Louis XIV et Marie Thérèse, le battant pèse cinq cents kilogrammes. Des plateformes supérieures on a une vue magnifique.

Notre-Dame d'Auteuil. — A Auteuil, reconstruite récemment dans le style roman.

Notre-Dame des Blancs-Manteaux. — Rue des Blancs-Manteaux, église du XVII* siècle, portail de l'ancienne église des Barnabites.

Notre-Dame de Bonne-Nouvelle. — Rue de la Lune, ancienne église, mais rebâtie sous la Restauration, quelques peintures.

Notre-Dame des Carmélites. — Rues Denfert-Rochereau et du Val de Grâce. Rebâtie depuis une trentaine d'années, c'est là que fut enterrée Mlle de la Vallière.

Notre-Dame des Champs. — Boulevard Montparnasse. Style roman, bâtie de 1867 à 1875.

Notre-Dame de Clignancourt. — Place Ste-Euphrasie. Construite de 1859 à 1864 par l'architecte Lequeux. Peintures et vitraux.

Notre-Dame de la Croix. — Ménilmontant. Belle construction en style roman, bâtie de 1864 à 1869. Grande tour à flèche en poire.

Notre-Dame de Lorette. — Rue de Chateaudun. Bâtie de 1823 à 1837 par l'architecte Hippolyte Lebas. Cette église est un monument oblong terminé par un hémicycle derrière l'autel et a la forme d'une basilique romaine. L'extérieur est d'un aspect sévère. Le portique se compose de colonnes corinthiennes surmontées d'un fronton par Vanteuil et représentant le Christ adoré par les anges et au-dessus duquel se trouvent les statues des trois vertus théologales : la Foi, l'Espérance et la Charité.

Autant l'extérieur est sombre et sévère, autant l'intérieur est décoré et chargé. L'élégance en est excessive. Il y a une nef et deux bas côtés, l'église est entourée de chapelles latérales ; au dessus de la nef le toit est plat et supporté par des piliers recouverts de stuc. L'église recouverte de peintures n'a pas un seul vitrail. Le plafond de la nef est surchargé d'ornements, au-dessus du chœur et de l'autel on trouve des peintures et des fresques. Comme peintures les plus remarquables citons à gauche : l'Adoration des Mages de Granger, l'Adoration des Bergers de Hesse, la Visitation de Dubois. A droite en continuant : l'Annonciation de Dubois, le Mariage de la Vierge de Langlois, la Consécration de la Vierge de Vinchon et la naissance de la Vierge de Monvoisin. Derrière l'autel, le couronne-

ment de la Vierge de Picot ; à gauche du Chœur, la présentation, d'Heim ; à droite, Jésus et les Docteurs, de Drölling, ces
trois dernières œuvres sont des fresques.

Notre-Dame de Passy. — Rue de l'Annonciation. Bâtie en
1817. Bas-reliefs et jolis vitraux.

Notre-Dame-des-Victoires. — Place des Petits-Pères. Cette
église fut bâtie par Louis XIII de 1629 à 1640 en commémora-
tion de la prise de la Rochelle sur les protestants. Elle a la
forme d'une croix romaine. Son portail est un mélange des
ordres corinthien et dorique. Cette église fut appelée aussi :
Eglise des Petit-Pères à cause des moines Augustins à qui elle
servait de Chapelle. Pendant la Révolution elle fut convertie
en Bourse, mais fut rendue bientôt à l'exercice du Culte.

Le trait caractéristique de cette église est la dévotion des
fidèles à Notre-Dame des Victoires. Les murs sont couverts de
plaques de marbre et d'ex-voto à la Vierge. On admire dans le
chœur, des tableaux de Vanloo sur la vie de St-Augustin et
aussi Louis XIII dédiant l'église à la Vierge. Le maître autel
est en marbre blanc. Dans le transept de droite se trouve la
fameuse chapelle de la Vierge ornée d'ex-voto et toujours encombrée de nombreux fidèles. Beaucoup d'ornements de cette
chapelle sont très riches.

Saint-Paul-Saint-Louis. — Rue Saint-Antoine, vis-à-vis de la
rue de Sévigné. Cette église date de 1627 et la première pierre
fut posée par Louis XIII. Bâtie sur l'emplacement d'une ancienne chapelle de jésuites et servit plus tard à cet ordre.

L'architecture est du style de la Renaissance italienne. Les
piliers ont cependant quelque chose de grec, mais au lieu de la
beauté majestueuse de ce style, ils sont chargés et trop décorés.
Pourtant Saint-Paul est une jolie église.

De chaque côté de la nef, grands piliers carrés, les arches
entre eux sont rondes. Au-dessus du chœur, riche dôme avec
une galerie munie de balustrades et faisant le tour de la coupole qui est elle-même surmontée d'une grande lanterne ronde.
Comme cette église est moderne on n'y voit pas de mélanges de
styles.

La façade principale est vis-à-vis de la rue de Sévigné. Le
portail se compose de trois rangs de colonnes superposées. Le
plus bas et celui du milieu sont Corinthiens, celui du haut est
de styles mélangés. Au sommet est une petite croix.

Comme œuvres d'art : Sainte-Isabelle par Philippe de Champagne et le Christ au jardin des Oliviers, d'Eugène Delacroix.

Saint-Philippe-du-Roule. — Rue du Faubourg-Saint-Honoré. Bâtie de 1769 à 1784 par l'architecte Chalgrin. Coupole dorée par Chassériau représentant une descente de Croix.

L'église est de style grec.

Saint-Pierre-de-Chaillot. — Rue de Chaillot. Eglise gothique, peintures murales et tableaux.

Saint-Pierre-du-Gros-Caillou. — Rue Saint-Dominique, construite en 1822.

Saint-Pierre-de-Montmartre. — Rue Saint-Eleuthère à Montmartre. Seul reste d'un couvent de religieux fondé par Louis VII.

Derrière l'église se trouvent un jardin des Oliviers sculpté et un Calvaire.

Saint-Pierre-de-Montrouge. — Carrefour des Quatre-Chemins. Eglise de style roman avec un clocher très élevé.

Saint-Roch. — Rue Saint-Honoré et rue Saint-Roch. Bâtie en 1632 dans le style de la Renaissance italienne. Cette église est chargée d'ornements exagérés qui choquent plus qu'ils ne plaisent, car il est peu fréquent de voir une église décorée comme un salon ou un théâtre.. Le portail est un mélange des ordres Dorique et Corinthien.

Intérieur. — L'église est entourée de chapelles latérales. A droite on remarque surtout les bustes de Le Nôtre et de Créqui, la statue du cardinal Dubois, de Coustou et les tombeaux du comte d'Harcourt de Maupertuis et d'Henry de Lorraine, plus loin le tombeau du maréchal de Créqui et des peintures de Quantin, Charpentier, Roux, Boulanger et Duveau.

Dans les chapelles de gauche, notez : le baptême du Christ, groupe de Moyne, le monument de Bonnet, la descente de croix de Sébastien Cornu, le monument de l'abbé de l'Epée, les statues de Saint-Augustin par Huez et de Saint-André, par Pradier, et la prédication de Saint-Denis, de Vien.

Chapelles du pourtour. — Chapelle du Calvaire : le Crucifiement, groupe de Dusseigneur ; le Christ au tombeau de Deseine, le Christ en croix, marbre d'Anguier. — Chapelle de l'Assomption : la naissance du Christ, marbre d'Anguier ; Jésus chassant les vendeurs du Temple, par Thomas. Laissez venir à moi les petits Enfants, par Schnetz, Saint-Jean prêchant dans le désert, le Résurrection de la fille de Jaïve, par Delorme ; le Triomphe, de Mardochée, par Odier.

Dans chacune de ces chapelles, il y a de beaux bas-reliefs tirés de

la Passion. — A gauche contre un des piliers de l'orgue, se
trouve une plaque de marbre en mémoire de Pierre Corneille,
enterré à Saint-Roch en 1684. Ce qu'il y a de plus à remarquer
est la Chapelle du Calvaire avec les groupes de marbre qui
sont de toute beauté, au-dessus du banc d'œuvre est un Christ
admirable. — A droite du cœur, statue de Saint-Roch, de Coustou et à gauche le Christ de Falcou.

La chair est ridicule et de mauvais goût. La maîtrise de
Saint-Roch est renommée. Rappelons en finissant que c'est du
haut des marches de Saint-Roch que Bonaparte mitrailla les
sections qui marchaient sur la Convention le 13 vendémiaire an
IV (5 octobre 1795).

Église votive du Sacré-Cœur. — Cette basilique colossale est
en construction sur la butte Montmartre et est bâtie sur les
plans de l'architecte Abadie. Le style choisi est le roman
byzantin. Cette église a coûté de grosses sommes pour les fondations parce qu'il a fallu combler des carrières de gypse. Le
travail n'avance que lentement car il n'est alimenté que par les
quêtes et les souscriptions. Le crypte est complètement terminée. Il faudra encore plusieurs années pour achever ce magnifique monument qui sera une des plus belles églises du monde.
On peut visiter les chantiers pour 25 centimes et la crypte pour
50 centimes.

Saint-Séverin. — Rue Saint-Séverin, à l'est du boulevard
Saint-Michel, — Une des plus vieilles églises de Paris bâtie sur
l'emplacement d'un oratoire dédié à Saint-Clément. Ensuite
Saint-Séverin, moine du 6e siècle, fut enterré là et l'oratoire
prit son nom. Une église fut bâtie au XIe siècle, rebâtie au
XIVe et restaurée et agrandie au XVe. — C'est un beau monument de l'architecture gothique de la fin du quinzième siècle. Il
y a des doubles bas côtés tout autour de l'église, dans l'abside
aussi bien que le long de la nef. Les arches derrière l'autel et
sur les côtés sont rondes et paraissent avoir été ajoutées plus
tard, quoique au sommet de ces arches on puisse encore remarquer la trace de l'ogive originale. C'est à Saint-Séverin que se
fit entendre le premier orgue. A l'extérieur il y a une seule
porte. A gauche une grande et belle tour carrée. Le portail, du
treizième siècle, provient d'une autre église.

A l'intérieur, belles peintures murales et sculptures, beau
baldaquin au-dessus du maître autel.

A gauche : Saint-Vincent-de-Paul, par Richomme ; Saint-
François-de-Salles, par Mottez ; Saint-Charles-Borromée, par
Jobbé Duval ; mort de Saint-Louis, par Lenoir ; Saint-Gérome

3

communiant et Mgr de Belzunce à la peste de Marseille, par Gérôme ; en continuant à droite : les deux Saint-Séverin, par Cornu, Sainte-Geneviève, par Hesse, martyre de Saint-Jean, par Hippolyte Flandrin, Saint-Paul et Saint-Pierre, par Biennoury, scènes de la vie de la Vierge, par Heim et Signol, saint Jean-Baptiste dans le désert, par Paul Flandrin.

Sorbonne. — La Sorbonne fut fondée en 1252 par Robert Sorbon, chapelain du roi Louis IX pour servir de séminaire à des jeunes gens pauvres qui voulaient embrasser la carrière des ordres. La Sorbonne est en démolition mais sera complètement rebâtie. Cette église servait de chapelle à l'établissement où était alors la Faculté de Théologie si renommée, l'église actuelle fut bâtie par le cardinal de Richelieu.

A l'Intérieur, tableau de Hesse, pendentifs par Philippe de Champagne, tombeau de Richelieu par Girardon.

Saint-Sulpice. — Place Saint-Sulpice. Cette église fut commencée en 1646 par Anne d'Autriche, qui posa la première pierre sur l'emplacement d'un ancien oratoire dédié à Saint-Pierre. On construisit une église qui bientôt devint trop petite, fut agrandie sous François Ier, et encore au commencement du XVIIᵉ siècle. En 1643 la fabrique résolut de construire une nouvelle église. A la fin du XVIIᵉ siècle les travaux furent suspendus par suite du manque d'argent et en 1721 une loterie fut autorisée. Les travaux ne furent finis qu'en 1777. La façade fut commencée en 1733 par Servandoni, elle est majestueuse et imposante. Sa longueur est de 125 mètres.

De chaque côté est un pavillon carré qui sert de base à une tour.

Les deux tours ne sont pas pareilles, celle du Nord est un peu plus haute et plus belle, elle a 68 mètres. Cette tour du Nord bâtie par Chalgrin fut finie par lui, l'autre commencée par Maclaurin ne fut jamais finie. Il paraîtrait qu'on aurait voulu mettre une flèche sur chaque tour et que l'idée en aurait été abandonnée. A l'intérieur ce qui frappe le plus sont les grandes proportions de l'édifice, les bas côtés de chaque côté de la nef sont larges et vastes. L'abside de l'église est aussi plus large que ce n'est généralement le cas. Les arches sont soutenues par des piliers corinthiens et l'église est entourée de chapelles latérales. Remarquez deux énormes bénitiers donnés à François Ier par la République de Venise. Chapelle de gauche ; Saint-François-Xavier fresque par Lafon, Saint-François-de-Sales prêchant par Hesse, conversion de Saint-Paul par Drolling, Saint-Vincent-de-Paul recommandant des enfants trouvés par Guillemot.

Transept (bras gauche). — Mort du Christ et trahison de Judas par Signol.

Pourtour du chœur. — Le martyre de Saint-Jean-Baptiste par Glaize, Saint-Charles-Borromée pendant la peste par Pichon, vie de Saint-Joseph par Landelle, Saint-Louis par Matout; la chapelle du fond ou chapelle de la Vierge contient un groupe en marbre blanc de la Vierge et de l'Enfant-Jésus, chef-d'œuvre de Pigalle, la coupole qui est au-dessus de cette chapelle représente l'Assomption et est de Lemoine, en continuant le pourtour : la Nativité par Lenepveu, miracles de Sainte-Geneviève par Timbal, Saint-Martin et un pauvre par Mottez et la Prédication de Saint-Denis par Jobbé Duval.

Transept (bras droit). — Résurrection par Signol.

Chapelles de droite. — Tombeau de Longuet, vie de Saint-Maurice par Vinchon, Saint-Roch par Pujol, la Religion par Heim, Lutte de Jacob avec l'Ange, Saint-Michel terrassant le démon, et Héliodore chassé du Temple, par Eugène Delacroix.

La chaire offre cette particularité qu'elle ne se soutient que par ses marches.

Observez la méridienne tracée dans le transept en 1743.

Le cœur contient les statues des douze apôtres, par Bouchardon.

Saint-Thomas-d'Aquin. — Place Saint-Thomas-d'Aquin. Bâtie de 1682 à 1768, le portail date de 1787. A l'intérieur, fresques et peintures de Lemoine, de Blondel, de Guerchin et d'Abel de Pujol. Dans les transepts et les chapelles belles grisailles et chapelles murales.

Trinité. — Située en face de la rue de la Chaussée-d'Antin. Cette église fut commencée en 1861 et finie en 1869 ; le style est florentin des XVI° et XVII° siècles Le portail est très beau et se compose d'abord d'un porche à trois arches surmonté d'une belle rosace et au dessus un clocher de 66 mètres de haut. Les proportions sont les mêmes à l'intérieur qu'à l'extérieur. Les arches dans la nef sont rondes mais pas du tout semblables aux arches de la période romane. Au-dessus des bas côtés autour de la nef règne une galerie, et les piliers et les arches du dessous sont répétés de la même façon au dessus. Le chœur de l'Eglise est très élevé, la crypte est dessous. De chaque côté du chœur, piliers ioniques de pierre g ise pour supporter la galerie. Grande chapelle dans l'abside derrière le chœur, pour y arriver il faut monter des marches. Le toit de l'église est rond.

Peintures de Barrias, Jobbé Duval, dans le chœur ; de Brisset, Lecomte, Laugée, Leoy, Delaunay, Dubois à droite; de Thirion, Cazès, Dumas et Français, à gauche; vitraux d'Oudinot.

Val de-Grâce. — Rue St-Jacques près du boulevard de Port-Royal. Cette église et l'abbaye du même nom furent fondées par Anne d'Autriche en exécution d'un vœu.

La première pierre fut posée en 1645 par Louis XIV alors âgé de sept ans. Après la révolution l'Abbaye fut changée en hôpital militaire. L'église appartient au style de la Renaissance italienne. La décoration en est excessive. Le dôme est un des plus hauts de Paris et la coupole est revêtue de fresques peintes par Mignard; au-dessus de l'autel est un énorme dais, dans le genre de celui des Invalides. A l'extérieur et autour du dôme, piliers corinthiens portant des statues.

Saint-Vincent-de-Paul. — Rue Lafayette, bâtie de 1823 à 1844 par Lepère et Hittorff. Deux rampes coupées par un vaste escalier donnent accès sur le perron. Le frontispice est superbe et soutenu par un double rang de colonnes Ioniques. Bas-relief splendide représentant St-Vincent-de-Paul entre la Foi et la Charité. Tours carrées, l'une contient l'horloge et l'autre les cloches. L'église est un beau spécimen de l'architecture Grecque. Dans la nef longue rangée de piliers ioniques supportant une galerie et au-dessus de la galerie piliers doriques supportant le toit.

Sur la frise, fresques d'Hippolyte Flandrin représentant une procession des premiers chrétiens, martyrs, saints, etc. La nef est large et flanquée de bas-côtés avec chapelles latérales. Le chœur est rond. Le dôme au-dessus du chœur n'est pas haut et on y voit le Christ assis sur un trône peint par Picot, Saint-Vincent-de-Paul s'agenouille devant le Sauveur et lui amène des petits enfants. Dans l'abside, chapelle de la Vierge. Beaux vitraux.

Visitation. — Rue St-Antoine. Ancienne chapelle du couvent de Ste-Marie, surmontée d'un Dôme.

(Nous avons cru bon, par suite de la désaffectation du Panthéon, de ne pas le donner avec les églises; nous le faisons donc suivre cette nomenclature).

Panthéon

Le Panthéon. — Est situé sur une colline; la meilleure façon d'en bien juger l'ensemble est de le regarder du fond de la rue Soufflot, rue qui croise le boulevard St-Michel. Le Panthéon fut commencé en 1764 par l'architecte Soufflot et dans le but d'en faire une église à Ste-Geneviève. Pendant la révolution on lui donna le nom de Panthéon et on décida d'y enterrer les hommes d'État et les grands citoyens ; on grava sur le fronton l'inscription : Aux grands hommes, la patrie reconnaissante Après la chute de l'Empire, la restauration le rendit au culte ; en 1830 après la révolution de juillet il fut encore désaffecté. Le second empire en fit de nouveau une église et ce ne fut qu'en 1885 lors de la mort de Victor Hugo qu'un décret en changea encore la destination et lui rendit le nom de Panthéon qu'il conserve depuis lors. Ce monument a la forme d'une croix grecque. La façade se compose d'un grand portail dont la frise est supportée par vingt-deux colonnes corinthiennes. Les sculptures du frontispice sont de David d'Angers. Au centre est une femme représentant le pays et distribuant des couronnes à des enfants ; à gauche Voltaire, Rousseau, Mirabeau, Carnot, Berthollet; à droite, Bonaparte, etc. Au-dessus du milieu de l'église grand et haut tambour entouré de colonnes corinthiennes ; Ce tambour est surmonté d'une galerie attique qui supporte la coupole au sommet de laquelle il y a une énorme lanterne.

Sous le portique beaux groupés de marbre représentant Ste-Geneviève et Attila. l'autre le Baptême de Clovis par Maindran.

L'intérieur est imposant et majestueux, la longueur est de 100 mètres, la largeur de 80 mètres d'un bout du transept à l'autre. Dans le transept du Sud était l'autel de Sainte-Geneviève, dans celui du Nord celui de la Vierge. Il y a une nef et deux bas côtés servant de bases à des tribunes. Quatre grands piliers soutiennent le dôme. La coupole a été décorée par Gros. En entrant : Statue de Saint-Remi par Cuvelier et de Saint-Denis par Perrault. A gauche de la nef on remarque Saint-Denis, fresque de Bonnat et Sainte-Geneviève rassurant le peuple à l'approche d'Attila, de Delaunay et une statue de Saint-Martin. — Dans le transept gauche : Episodes de la vie de Saint-Louis, de Cabanel.—Dans l'abside : Statues de Saint-Vincent-de-Paul et de Saint-Jean, fresque de Laurens, la mort de Sainte-Geneviève, statues de Saint-Bernard et de Saint-Grégoire-de-Tours, bataille de Tolbiac et baptême de Clovis par Blanc. — Au fond : Miracles de Sainte-Geneviève et procession de ses reliques, fresques de Maillot. — Dans le transept de droite : Charlemagne protégeant les lettres et les arts, fresque de H. Lévy ; à droite de la nef : enfance de Sainte-Geneviève, fresque de Puvis de Chavannes. Sur la voûte du fond belle mosaïque d'Hébert représentant le Christ montrant à l'ange de la France les destinées de son peuple. D'autres fresques sont en cours d'exécution. Le dôme se compose de trois coupoles superposées, c'est sur la seconde que sont les fresques de Gros ayant pour sujet la gloire de Sainte-Geneviève.

On monte à la 1re coupole par 331 marches et à travers une ouverture ronde on peut contempler l'œuvre de Gros. Le panorama qu'on a de la lanterne 87 marches plus haut mérite d'être vu.

Pour visiter les caveaux, attendre les gardiens (de 1 à 4 h.) Tombeaux de Victor Hugo, de Rousseau, Voltaire, Mirabeau, etc. — Réduction du Panthéon. Il y a dans ces caveaux un écho singulier que le gardien vous fait remarquer. En sortant des caveaux, pourboire facultatif.

Eglise Russe

Rue Daru. — Cette église a la forme d'une croix grecque, le style en est plus byzantin qu'européen.

Le tout est orné de clochers et de coupoles orientales et de quatre pyramides dorées. L'intérieur de cette église est orné avec un luxe merveilleux. Le marbre et l'or ont été prodigués et rivalisent pour faire de cette église un véritable bijou.

L'autel est séparé du reste de l'église par une cloison appelée iconostase et qui est revêtue de dorures et de peintures. Fresques et vitraux splendides ; visible les dimanches et jeudis de 3 à 5 heures, mais on peut la visiter chaque jour moyennant pourboire. Offices en langue russe les dimanches à 11 h.

CULTES NON CATHOLIQUES

ÉGLISES PROTESTANTES

Eglise de la confession d'Augsbourg (Luthériens).

Eglise évangélique de la Rédemption (16, rue Chauchat). — Service en français à midi, en allemand à 10 heures.

Eglise des Billettes. — Rue des Billettes, 18. Service en français à midi, et en allemand à 2 heures.

Saint-Marcel. — Rue Tournefort, 10. Service à 10 h.

Montmartre. — Rue des Poissonniers, 43. Service à 1 h.

Résurrection. — Rue Quinault. Service à 10 h.

Maison Blanche. — Avenue d'Italie. Service à 1 h.

La Villette. — Rue de Crimée, 93. Service à 1 h.

Saint-Denis. — Rue des Charmettes, 8. Service à 11 h.

Batignolles. — Rue Dulong, 53. Service à 10 h.
Bon-Secours. — Rue de Charonne, 07. Service à 1 h.
Gros-Caillou. — Rue Amélie, 10. Service à 10 h.
Bourg-la-Reine. — Rue Ravon. Service à 1 h. 1[2.
Puteaux. — Rue de Paris. Service à midi 1[2.

ÉGLISE RÉFORMÉE (Calvinistes)

Oratoire. — Rue St-Honoré, 147. Bâti par Lemercier et Méto-zeau. Service en français à midi, en anglais à 1 h.
Saint-Esprit. — Rue Roquépine, 5. Service à midi.
Sainte-Marie. — Rue St-Antoine, 216. Service à midi.
Pentémont. — Rue de Grenelle, 106. Service à midi.
Étoile. — Avenue de la Grande-Armée, 51. Service à 10 h. et à 4 h.
Batignolles. — Boulevard des Batignolles, 6. Service à midi 1[2 et à 8 h.
Passy. — Rue des Sablons, 65. Services à 10 1[2 et 3 1[2.
Neuilly. — Rue du Manche, 4, Service à 10 1[2.
Plaisance. — Rue de l'Ouest, 05. Service à 1 h.

ÉGLISES ANGLAISES

Anglicane. — Chapelle de l'Ambassade Anglaise, rue d'Agues-seau. 11 h. 3 h. 1[2 et 8 h.
Église anglaise. — Rue des Bassins.
Église du Christ. — Boulevard Bineau à Neuilly. Service à 11 h. et à 3 h. 1[2.
Chapelle américaine. — Rue de Berry, 21. Service à 11 h.
Église épiscopale américaine. — Rue Bayard, 17. Services à 9 h. à 11 h. et à 4 h.
Wesleyenne. — Rue Roquépine, 4. Services à 11 h. et à 4 1[2.
Presbytérienne — A l'Oratoire. Services à 11 h. et à 3 h.

CULTE ISRAÉLITE

Synagogue de la rue de Nazareth, 15. — Style oriental.

Synagogue de la rue de la Victoire, 44. — Style romain, beaux vitraux.

Synagogue de la rue des Tournelles, 23. — Près l'hôtel du Grand Rabbin.

Synagogue de la rue Buffaut, 28. — Rite Portugais.

ÉGLISES LIBRES

Eglise catholique gallicane. — Ministre M. Hyacinthe-Loyson, 8, rue d'Arras.

Fontaines

Fontaine du Chatelet. — Place du Chatelet. Appelée aussi fontaine du palmier, parce que la colonne qui la surmonte ressemble au tronc d'un palmier. Autour de cette colonne, cinq couronnes avec les noms de quinze batailles gagnées par Napoléon. Au sommet, demi-sphère sur laquelle se tient une statue de la victoire. Au pied de la colonne, statues représentant la Foi, la Force, la Prudence et la Vigilance, aux quatre coins, l'eau se précipite dans le bassin qui entoure la colonne.

Fontaine Cuvier. — Au coin de la rue Cuvier et de la rue Linné, près du Jardin des Plantes. Statue symbolique de la Nature, représentée assise sur un lion. Au-dessous on voit un crocodile et d'autres animaux. De chaque côté se trouve une colonne. Sur l'entablement l'inscription suivante : *A Georges cuvier*.

Fontaine Gaillon. — Place Gaillon à la rencontre des rues de la Michodière et de Port-Mahon. La fontaine est placée dans une niche pratiquée dans le mur. De chaque côté, colonnes corinthiennes.

Fontaine Saint-Georges. — Place Saint-Georges, au milieu de la place.

Fontaine de Grenelle. — Rue de Grenelle. Construite sur les plans de Bouchardon; forme un hémicycle, au milieu, statue de la Ville de Paris, à droite et à gauche, statues de la Seine et de la Marne.

Fontaine des Innocents. — Adossée anciennement à l'église des Innocents, elle se trouve actuellement au centre du square. Construite par Pierre Lescot et Jean Goujon. Forme d'un temple quadrangulaire, bâti sur un piédestal, composé de plusieurs bassins, placés les uns au-dessus des autres. Les colonnes sont bien décorées, et vis-à-vis de chacune d'elles, se trouve une naïade en bas-relief au-dessous de la coupole ornements attiques; au sommet, petite coupole.

Fontaine Louvois ou Richelieu. — Place Louvois, petit piédestal de pierre, contre lequel sont placées quatre statues de bronze, au dessus, bassin de bronze. entouré de petites têtes servant de déversoir à travers lesquels l'eau coule dans les bassins. Au centre, quatre nymphes de bronze, la Seine, la Loire, la Saône et la Garonne portent un petit bassin dans lequel est placée une urne. La fontaine Louvois fut construite en 1839 d'après les plans de Visconti et de Klagmann.

Fontaine Maubuée. — Au coin de la rue Maubuée et de la rue Saint-Martin, cette fontaine, une des plus vieilles de Paris, date de 1789.

Fontaine Médicis. — Dans les jardins du Luxembourg, construite par Debrosse en même temps que le Palais, elle a été déplacée pour faire place à la rue de Médicis, groupe par Ottin, représentant Polypheine surprenant Acis et Galathée.

Fontaine Molière. — A la rencontre de la rue de Richelieu et de la rue Molière. La statue fut érigée à Molière avec l'inscription suivante sur le piédestal : A Molière, né à Paris le 15 janvier 1622, mort à Paris le 17 février 1673, souscription nationale. Statues de la Comédie et de la Haute Comédie de chaque côté du piédestal, au-dessus est assis Molière tenant une plume à la main. Au sommet, figure emblématique couronnant le poète. La statue de Molière est de Seurre, les deux muses de Pradier, le reste est en marbre et est l'ouvrage de Visconti.

Fontaine Saint-Michel. — Au commencement du boulevard Saint-Michel, c'est une des plus grandes fontaines de Paris, St-Michel est représenté l'épée en main terrassant le dragon. De chaque côté dragons ailés rejetant l'eau par la bouche. Colonnes de marbre rouge, au-dessus des chapiteaux quatre figures emblématiques, la Vérité, la Prudence, la Force et la Justice, groupe de Duret.

Fontaine Notre-Dame. — Fontaine triangulaire située à l'est de Notre-Dame, l'eau jaillit des déversoirs à chaque angle : au-dessus des déversoirs sont les statues de trois anges. Au milieu la Vierge tenant l'enfant Jésus dans ses bras. Dessins de Vigoureux.

Fontaine de l'Observatoire. — Avenue de l'Observatoire, groupe de Carpeaux représentant les quatre parties du monde, autour du groupe, chevaux marins de Fremiet

Fontaine de la Place de la Concorde. — Deux fontaines tout à fait semblables, Naïades jetant l'eau dans le bassin au-dessus d'elles, ces fontaines qui sont hautes de plusieurs mètres sont dédiées l'une à la navigation maritime, l'autre à la navigation fluviale.

Fontaine de la rue de l'Arbre Sec. — Au coin de la rue de l'Arbre Sec et de la rue St-Honoré, construite en 1775 par Souf-flot.

Fontaine St-Sulpice. — Place St-Sulpice près de l'Eglise, au-dessus et au milieu de trois bassins l'un sur l'autre, construction quadrangulaire : statues de Bossuet, Fénelon, Fléchier et Massillon.

Fontaines Vallace. — Créés par Sir Wallace, situées générale-ment dans les carrefours et quartiers populeux. Ces fontaines en marbre et bronze sont munies de gobelets qui permettent aux passants de se désaltérer.

Expositions

Sans parler des expositions universelles il y a à Paris des expositions régulières qui attirent tous les ans quantité d'étran-gers et de visiteurs.

Les princ'pales sont celles du Palais de l'Industrie, l'exposi-tion des aquarellistes et aussi celles qu'organisent certains cercles. Parlons d'abord de celles du Palais de l'industrie qu'on désigne sous le nom d: Salon, et qui s'organise par la société des artistes français.

Le Salon s'ouvre le 1er Mai, et comprend les expositions an-nuelles de peinture et de sculpture. L'ouverture du salon est un événement parisien. Avant l'ouverture a lieu le vernissage où se rencontrent toutes les célébrités de Paris. Le jour de l'ou-verture et le vendredi l'entrée du salon est de 5 francs les autres jours 2 fr. le matin, 1 fr. l'après-midi. Le dimanche l'entrée est libre. Le Salon ferme le 20 juin.

L'exposition des aquarellistes a lieu galerie Petit, 8, rue de Sèze, au mois de Février, quant à celles des Mirlitons et autres cercles elles ne sont visibles qu'avec des cartes.

Faubourgs

Ce nom est donné en général à la partie d'une ville en dehors des fortifications. On a après la démolition des remparts qui s'élevaient sur l'enceinte des boulevards donné par extension le nom de faubourgs a des rues qui en réalité étaient comprises dans Paris, comme les faubourgs St-Germain, St-Antoine, du Temple, St-Martin, St-Denis, Poissonnière, Montmartre, St-Honoré ; on remarquera pour les faubourgs qui se trouvent le long des boulevards qu'ils sont tous vis-à-vis la rue du même nom qui en forme le prolongement.

Foires

On remarque à Paris outre les nombreuses foires de banlieue qu'il est superflu de mentionner ici, la foire aux jambons et la foire au pain d'épice.

La foire aux jambons qui a lieu le mercredi et l jeudi de la semaine sainte se fait boulevard Richard-Lenoir.

La foire au pain d'épice dure trois semaines et s'ouvre le dimanche de Pâques. Elle se tient place de la Nation. Outre des boutiques de pain d'épice on y trouve aussi toutes les industries foraines au grand complet.

Gymnases

De superbes établissements de gymnastique construits avec luxe sont ouverts au public moyennant rumunération modérée, citons le gymnase Paz, 31, rue des Martyrs, parmi les plus beaux.

HALLES ET MARCHÉS

Halles centrales. — Ce fut en 1851 que l'architecte Baltard commença les halles centrales, elles ne sont pas encore totalement terminées.

Elles se composent actuellement de 10 pavillons en fer; l'œuvre une fois achevée, on en comptera douze. Elles sont situées entre l'église Saint-Eustache et le Pont-Neuf et se composent d'un long corps de hangars avec toit de zinc divisés en plusieurs pavillons sur les côtés desquels on a ménagé des grillages de fer pour activer la circulation de l'air.

La longueur totale est de 450 mètres de l'Est à l'Ouest et de 123 mètres du Nord au Sud. Les pavillons sont aussi de forme oblongue et leur centre est traversé du Nord au Sud. De grands passages couverts traversent les pavillons.

Napoléon III posa la première pierre en 1857 et les halles ne furent terminées qu'en 1868.

On vend aux halles de la viande, du poisson, du gibier, des légumes, du beurre, des œufs etc.

La vente est sévèrement surveillée de crainte de fraude et d'altération de qualité. Les œufs notamment sont soumis à une minutieuse inspection, car la vente des œufs à Paris est très importante. On commence à travailler aux halles au milieu de la nuit. De onze heures à minuit, les charrettes de légumes sont déchargées et depuis cette heure jusqu'à l'aube, le déchargement ne cesse pas. En mai, juin, juillet, la plus grande partie du travail est faite sans lumière. La vente commence entre six et sept heures du matin, un peu plus tard pendant les mois d'hiver. Une visite aux halles aux premières heures du jour est chose très curieuse et très à recommander.

Halle aux blés. — Rue de Viarmes ; vaste édifice actuellement en reconstruction, destiné à servir de Bourse de commerce. La coupole sera un chef-d'œuvre d'élégance et de légèreté.

Halle aux vins. — Quai Saint-Bernard. Construite en 1815. Caves énormes.

Marchés aux fleurs. — quai de Gèvres, de la Cité et entre la rue de la Cité et rue Aubé. Marché St-Sulpice. Marché de la place de la République. Marché de la Madeleine. Marché aux Chiens, boulevard de l'Hôpital, 50-52. Marché aux Oiseaux, se tient le dimanche sur l'emplacement du marché aux fleurs de la Cité.

Autres marchés. — Marché Saint-Germain. Marché Beauvau. Marché Beaujon. Marché des Carmes. Marché Saint-Honoré. Marché Saint-Martin. — Marché du Château-d'Eau etc., etc.

Marché aux bestiaux. — Comme les abattoirs, le marché aux bestiaux est de date récente. Avant 1868 les animaux étaient surtout achetés à Poissy et à Sceaux.

L'entrée du marché aux bestiaux est rue d'Allemagne, qui entoure la rue Lafayette. Le marché est réuni aux abattoirs par un pont jeté sur le canal de l'Ourcq. Les animaux ont amenés par le chemin de fer jusque dans le marché. Le marché est couvert par un toit de tôle soutenu par des piliers de fer. Il y a de la place pour amener chaque jour de marché

4.600 bœufs, 22.000 moutons, 7.000 porcs et 4.000 veaux. Le marché est divisé en trois parties. A l'entrée de la rue d'Allemagne on vend les taureaux, les bœufs et les vaches, au milieu, à gauche les moutons et à droite les porcs. A droite est la ligne du chemin de fer. Plus loin sont les étables où les animaux non vendus peuvent passer la nuit. Les principaux jours de marché sont les lundis et jeudis. Les autres jours les transactions sont beaucoup plus restreintes.

Marché aux chevaux. — Situé au coin du boulevard de l'hôpital et du boulevard Saint-Marceau. Chacune de ses façades a une entrée, mais la principale est celle du boulevard de l'Hôpital.

Jours de marché : les mercredis et samedis de 1 heure à 4 heures et demie ou de 2 heures et demie à 6 heures, selon la saison. On vend à ce marché des chevaux, des mulets et des ânes.

Marché du Temple. — Grand marché situé entre la rue du Temple et le boulevard du Temple. On y vend des habits et des étoffes de toutes sortes et bien souvent on peut y faire des marchés très avantageux. Ce marché comprend 6 pavillons et a été reconstruit en 1860 sur son ancien emplacement.

Hôpitaux.

Hôtel-Dieu. — Place du parvis de Notre-Dame, fut fondé en 660 par le roi Clovis II. Cet hôpital compte 800 lits et deux chaires de clinique médicale. Les consultations sont gratuites et ont lieu tous les jours de 8 à 9 heures du matin.

Hôpital Beaujon. — 208, faubourg Saint-Honoré, 422 lits, même genre que l'Hôtel-Dieu.

Hôpital Bichat. — Boulevard Ney. 120 lits.

Hôpital Cochin. — 45, faubourg Saint-Jacques. Comme à l'Hôtel-Dieu. 380 lits.

Hôpital de la Charité. — 47, rue Jacob. Même genre.

Hôpital Laennec. — 42, rue de Sèvres. Pour les incurables (femmes).

Hôpital de la Pitié. — 1, rue Lacépède, 709 lits. Bâti en 1614.

Hôpital Lariboisière. — 2, rue Ambroise Paré. 690 lits.

Hôpital Necker. — 151, rue de Sèvres. 421 lits.

Hôpital Saint-Antoine. — 206, rue du Faubourg-Saint-Antoine. 700 lits.

Hôpital Tenon. — 2, rue de la Chine. 652 lits.

Hôpitaux spéciaux.

Hôpital Saint-Louis. — 24, rue Bichat. Maladies chroniques de la peau, ulcéres, scrofules, etc. Aussi très important au point de vue de la chirurgie. 900 lits.

Hôpital du Midi. — Boulevard de Port-Royal, 11. Maladies secrètes pour hommes.

Hôpital de Lourcine. — 14, rue de Lourcine. Maladies secrètes pour femmes.

Hôpital d'accouchement. — 29, rue d'Assas. 79 lits.

Hôpital de la Maternité. — 123, boulevard de Port-Royal. 320 lits.

Hôpital des enfants malades. — 149, rue de Sèvres.

Hôpital Trousseau. — 89, rue de Charenton.

Maison Dubois. — 200, faubourg Saint-Denis.

Hôpitaux militaires

Gros-Caillou. — 188, rue Saint-Dominique.

Saint-Martin. — 8, rue des Récollets.

Val-de-Grâce. — 277 bis, rue Saint-Jacques.

Hospices

Hospice de La Rochefoucauld. — 6, rue Denfert-Rochereau. Pour les indigents des deux sexes qui peuvent payer une petite somme pour les soins qui leur sont donnés.

Hospice de la Vieillesse. — Bicêtre. Pour hommes. Ouvert aux indigents et aux infirmes, ainsi qu'aux vieillards âgés de plus de 70 ans.

Hospice de la Salpêtrière. — Ancien arsenal, 47, boulevard de l'Hôpital pour femmes indigentes infirmes et au-dessus de 70 ans.

Hospice des Incurables. — A Ivry pour les indigents attaqués d'infirmités graves et incurables.

Infirmerie de Marie-Thérèse. — 146, rue d'Enfer.

Hospice Devllas. — A Issy, pour vieillards de plus de 70 ans.

Hospice Lenoir-Jousserain. — A Saint-Mandé, pour cent vieillards, hommes et femmes.

Hospice Saint-Michel. — A Saint-Mandé, pour 12 vieillards au-dessus de 70 ans.

Hospice de la Reconnaissance. — Au Petit-Étang. Pour ouvriers au-dessus de 60 ans.

Institution de Sainte-Périne. — A Auteuil, pour les personnes des deux sexes pouvant payer leur nourriture.

Hospice des Quinze-Vingts. — Rue de Charenton, 28. Fondé par Saint-Louis en 1260. Reçoit 800 aveugles.

Hospice des Enfants-Assistes. — Rue Denfert-Rochereau, 74. Pour les enfants trouvés ou abandonnés par leurs parents.

Institution des Jeunes Aveugles. — Fondée par Haüg en 1785. 250 élèves.

Maison d'aliénés à Charenton. — Affectée aux maladies mentales. Date de 1640.

Institution de sourds-muets. — Rue Saint-Jacques, 251, fondée par l'abbé de l'Epée.

Asile Sainte-Anne. — 1, rue Cabanis, pour les aliénés des deux sexes.

Hôtel Drouot

Les ventes mobilières à Paris se font à l'hôtel des ventes rue Drouot, plus généralement appelé hôtel Drouot. — C'est le seul établissement de ce genre sauf la salle Sylvestre, 28, rue des Bons-Enfants et qui sert pour la vente des livres.

Les ventes commencent entre une et deux heures de l'après-midi et les objets sont vendus non suivant l'ordre du catalogue, mais comme le commissaire-priseur le juge bon. — Entre trois et cinq heures les salles sont généralement pleines et c'est alors que sont faites les ventes les plus importantes. — Si l'acheteur est connu il lui suffit de donner son nom, autrement il doit payer son achat augmenté des frais de vente. — A l'hôtel des ventes plus que partout ailleurs il faut être prudent et ne pas acheter sans avoir au préalable examiné ou fait examiner avec soin l'objet en vente. — Certains brocanteurs y font vendre leurs propres marchandises, et dans le but de les vendre cher, dès qu'un amateur met une enchère, ils poussent contre lui. — Ce système réussit souvent et dans le cas contraire, si la marchandise leur reste ils en sont quittes pour la revendre le lendemain.

Il faut, en général, se méfier quand les ventes sont volontaires, car le plus souvent ce sont des objets de peu de valeur et on espère en tirer un plus grand profit à l'hôtel des ventes.

Imprimerie Nationale

Rue Vieille-du-Temple. Installée dans l'hôtel du cardinal de Rohan. Ouverte les jeudis à 2 heures. Pour obtenir des billets s'adresser au directeur. Dans la cour, copie de la statue en bronze de Gutemberg exécutée par David D'Angers. Dans la cour de la fonderie à droite est un bas relief représentant des chevaux à l'abreuvoir. La salle d'attente est décorée par Boucher. Le cabinet des poinçons (clichés) est richement décoré et a un beau plafond à voûte. Dans la salle des machines, 37 presses à vapeur et 60 presses à main. L'atelier de reliure a 20 machines. La bibliothèque était anciennement la chambre à coucher du cardinal de Rohan. Quinze cents personnes environ sont employées à l'Imprimerie Nationale et s'occupent de toutes les branches de l'imprimerie y compris la fonte des caractères, la papeterie et la reliure. Les documents officiels, les cartes à jouer, les livres publiés par le Gouvernement et l'imprimerie Orientale forment la somme des travaux de cet établissement.

Jardins

Jardin d'Acclimatation. — Au coin nord-ouest du Bois-de-Boulogne, près de l'avenue de Neuilly. L'entrée principale est du côté de la Porte-Maillot. Il y a aussi une entrée plus près de Paris. L'entrée coûte 1 franc les jours de semaine et 50 centimes les dimanches.

On y accède par le tramway qui va de la Madeleine à Courbevoie, par le chemin de fer de Saint-Lazare à la Porte-Maillot ou l'omnibus de l'Hôtel-de-Ville à la Porte-Maillot.

Le Jardin d'Acclimatation fut ouvert en 1860 par une compagnie formée, pour l'introduction en France de grands animaux et des plantes utiles ou d'ornement; mais on a abandonné vite cet objectif et maintenant le jardin est plutôt un lieu d'agrément et de curiosité. Il est visité très assidûment les dimanches et jours de fête.

On y donne des concerts à 3 heures de l'après-midi. Les musiciens appartiennent à l'orchestre du Grand-Opéra et à ceux des principaux théâtres et y jouent les morceaux les plus choisis du répertoire moderne.

L'orchestre est entouré de milliers de chaises qui sont louées à 10 centimes chacune, programme compris.

La compagnie s'occupe aussi d'engraisser des poulets par des procédés artificiels et fournit de l'excellent lait aux particuliers. Une autre spécialité est la vente des chiens. Le jardin est presque ovale; à l'extrémité opposée à l'entrée est un petit lac sur lequel nagent plus de 100 cygnes et autres oiseaux aquatiques.

Après l'entrée sont les serres remplies des plantes les plus rares, voyez à droite 1· les locaux destinés à l'élevage des vers-à-soie et à l'engraissage des volailles; 2· les sources minérales; 3· la maison des singes; 4· dindons et les grues; 5· volières; 6· cygnes et poules d'eau; 7· ruches d'abeilles; 8· kanguroos; 9· manège et poneys.

A gauche : 1· Perroquets; 2· chiens; 3· chiens pour la vente; 4· aquariums; 5· restaurant; 6· bétail; 7· lion de mer; 8· éléphant, girafes, zèbres.

Au milieu : 1· Daims et antilopes; 2· poules d'eau; 3· concert et estrade; 4· boucs, lamas et antilopes; 5· enclos réservé aux expositions périodiques; 6· gymnase; 7· lapins.

L'enclos qui sert aux expositions périodiques est généralement consacré à montrer la célébrité du jour; en hiver quelquefois des Lapons, en été des Zoulous, des Kroumirs, des Cingalais, des Nubiens ou des indigènes de quelque contrée primitive s'y acclimatent pour quelques semaines avec leurs femmes, leurs famille et leurs animaux domestiques.

Jardin des Plantes. — Au sud-est de la ville sur les bords de la Seine. L'accès y est facile. Omnibus des Batignolles passant par le Palais-Royal, du square Montholon passant par la porte St-Denis, des Halles-Centrales et de Charonne. Tramways du pont de l'Alma par le boulevard St-Germain.

Le jardin est ouvert toute l'année, la ménagerie d'avril

août, de 10 à 5 heures, les autres sept mois de 11 à 4 heures du soir.

Collections visibles les mardis et jeudis de 2 à 5 heures. Les dimanches elles ouvrent de 1 à 5 heures en été et de 1 à 4 heures en hiver. On est reçu soit sur la présentation d'un billet soit d'un passeport les mardis, jeudis et samedis de 11 à 2 heures. Les maisons des serpents et des singes peuvent être visitées sur le vu d'un billet obtenable à l'administration ou en donnant un bourboire aux employés. La bibliothèque est ouverte tous les jours de 10 à 3 heures dimanches et fêtes exceptés. Les serres sont seulement visibles par permission spéciale du directeur.

Le Jardin des Plantes n'est pas seulement un lieu public, mais aussi un établissement d'enseignement donné par la société d'encouragement et la société d'histoire naturelle. Des cours gratuits sont faits périodiquement aux amphithéâtres et ont pour objet la zoologie, la physiologie, l'anatomie comparée, la chimie, la physique, la minéralogie, la botanique, etc. La liste des cours est généralement affichée dans le jardin et dans le voisinage. L'amphithéâtre peut contenir 1.200 personnes.

Le Jardin des Plantes fut projeté en 1635 par le grand botaniste Guy de Labiono, mais n'acquit de l'importance qu'en 1732, quand Buffon fut nommé directeur.

La bibliothèque et le musée furent ouverts en 1791. La collection des plantes tropicales formée par Humbold en 1805 ajouta au département botanique 3000 spécimens inconnus auparavant. Les galeries d'histoire naturelle sont les plus complètes de l'Europe.

La galerie d'anatomie comparée fondée par Cuvier est dans le coin sud-ouest près de l'amphithéâtre. Elle occupe deux grandes chambres au rez-de-chaussée et douze au premier étage.

Le rez-de-chaussée contient des squelettes de baleines et autres grands mammifères y comprenant lions, tigres et carnivores. Un escalier à droite conduit au premier étage.

Le musée anatomique contient une grande quantité de préparations dans l'esprit de vin. A la fin de la onzième salle se trouve le musée d'anthropologie ; là sont exposées toutes les variétés de la race humaine, des squelettes, des têtes, des momies, des portraits, des photographies et des fossiles. La première salle est consacrée aux squelettes des différentes nationalités. Parmi eux est celui du nain de Stanislas, roi de Po-

logne qui mourut à 15 ans ayant seulement 27 pouces de haut.
La seconde salle contient la collection phrénologique de Gall,
y compris les crânes d'hommes éminents et de criminels no-
tables. Les salles suivantes contiennent des spécimens de races
barbares, dont une femme africaine exposée à Paris au commen
cement du siècle et connue sous le nom de Vénus Hottentote.
La galerie de zoologie touche au Labyrinthe. Elle contient plus
de 200.000 spécimens.

La bibliothèque renferme 60000 volumes et une belle collection
de manuscrits et de dessins. Dans le même bâtiment est la ga
lerie de géologie et de minéralogie.

La galerie botanique est ouverte seulement aux étudiants.

En entrant dans le jardin on rencontre, 1° la Bibliothèque ; 2°
les galeries de minéralogie et de géologie, 3° le verger, 4°
plantes médicinales, 5° plantes domestiques ; retournez sur vos
pas en tournant à gauche et vous rencontrez : 1° Ecole de botanique, 2° les serres, vous vous trouvez alors près de l'entrée,
prenez à droite : 1° le labyrinthe, 2° l'Amphithéâtre, 3° les serres,
4° les oiseaux aquatiques, 5° la fosse aux ours, 6° les éléphants
et les rhinocéros, 7° les singes, 8° les grands carnivores, ours,
léopards, tigres et lions, 9° les antilopes. Retournez une dernière fois en tournant à gauche, 1° les daims, 2° les volières,
3° les serpents et les reptiles, 4° les musées, 5° la Direction ; vous
vous trouvez alors près de la porte.

Jardin de la Ville de Paris. — Avenue Henri Martin, 115,
Bois de Boulogne. Belles serres.

Jardin du Luxembourg. — Les jardins du Luxembourg
prennent rang parmi les plus grands et les plus beaux de Paris.
Ils furent d'abord dessinés par Jacques Debrosse, le même architecte qui édifia le palais. Ils étaient moins grands qu'actuellement car la partie qui a été ajoutée dépendait d'un cou
vent de capucins. Ces jardins ont 920 mètres de long et 570 de
large.

En 1861, la rue de Médicis partant du théâtre de l'Odéon, fut
faite, ainsi qu'en 1862, la rue Soufflot menant du boulevard Saint-
Michel au Panthéon. Ces deux rues changèrent beaucoup l'aspect du jardin.

En 1867 en dépit des protestations des habitants de cet arrondissement, ces jardins furent considérablement diminués au
sud. Les statues du jardin du Luxembourg ne sont pas remarquables comme œuvres d'art, elles sont moins belles que celles
des Tuileries. La fontaine Médicis à l'extrémité sud-est, est
mentionnée au chapitre fontaines ; les fleurs et les arbres sont

soignés et en été les parisiens fréquentent beaucoup ce jardin.

Jardin du Palais-Royal. — Ce jardin orné de quelques statues et d'un jet d'eau est de forme rectangulaire et entouré de tous côtés par les galeries du Palais-Royal. En été on y fait de la musique militaire, les jours où il y a du soleil un petit canon part à midi précis.

Jardin des Tuileries. — Dessiné par Lenôtre en 1665. La totalité des jardins est ouverte actuellement, mais sous l'Empire la partie contiguë au palais était entourée d'une grille. La partie près de la rue des Tuileries est soignée et en été les fleurs sont abondantes. Plus bas, du côté de la place de la Concorde, il y a de chaque côté de la grande avenue deux terrasses, celle qui longe la rue de Rivoli est appelée la terrase des Feuillants parcequ'un monastère de bénédictins était là autrefois. Celle qui longe la rivière s'appelle la terrasse du bord de l'eau, chacune de ces terrasses est coupée par un passage qui va de la rue de Castiglione au Pont de Solférino.

Au dernier siècle il y avait dans le jardin des Tuileries une grande salle connue sous le nom de salle des machines et l'on s'en servait comme d'un théâtre. Les statues sont nombreuses aux Tuileries, beaucoup datent de la Restauration. Les Tuileries forment le rendez-vous des enfants quand le temps est beau et en été un orchestre y joue deux fois par semaine de 5 à 6 heures du soir,

Jeux

Seuls les jeux de paume, les échecs et le billard peuvent être mentionnés. On joue à la paume aux Tuileries sur la terrasse des Feuillants. Pour les échecs, l'endroit renommé est le café de la Régence, 161, rue St-Honoré. On joue au billard dans tous les cafés et les professeurs sont nombreux.

LIEUX DE PLAISIR

Bals, Cirques, Concerts. Panoramas. Théâtres, etc., etc.

Bals. — Pendant le carnaval on donne à l'Opéra quelques grands bals masqués. Ces bals commencent au mois de janvier et finissent à la mi-carême; ils présentent un spectacle unique

u monde. Entrée 20 francs et pour les dames 10 francs. Pour
es hommes l'habit noir est de rigueur pour ceux qui ne se
éguisent pas, les dames sont toujours masquées.

Il y a également des bals masqués à l'Eden-Théâtre dans les
êmes conditions.

Bullier. — Le bal Bullier, carrefour de l'Observatoire, 9,
onnu autrefois sous le nom de Closerie des Lilas, boulevard
t-Michel, à gauche, après le Luxembourg est le seul établisse-
ent qui reste après la disparition de Mabille et de Valentino.
uvert les dimanches, lundis et jeudis; y aller un jeudi autant
ue possible. L'entrée coûte 1 franc pour le cavalier seulement.
ous les jeudis splendide illumination des jardins, fête de nuit
t feu d'artifice.

Elysée-Montmartre. — Boulevard Rochechouart, 80. En été
s jardins sont bien décorés. — Bal les dimanches, mardis
udis et samedis. Entrée un franc.

Frascati. — Ou salle Vivienne. Rue Vivienne, souvent fermé,
n y donne des concerts et des bals.

Tivoli-Vauxhall. — Rue de la Douane, 12 et 16, près de la
lace de la République. Bals les dimanches, mercredis, jeudis et
amedis. Entrée un franc.

Cirques

Cirque d'Eté. — Aux Champs-Elysées, ancien cirque de
l'impératrice, renommé par les exploits de la troupe Franconi.
Ouvert du 1er avril au 31 octobre et fréquenté le samedi par
n public élégant. Représentations tous les soirs à 8 heures.
ymnasiarques émérites, beaux chevaux, etc., etc. Premières
fr. en location, les mercredis et samedis, 6 fr., secondes, 4 fr.,
romenoir, 3 fr., loges, 5 fr.; les mercredis et samedis, 6 fr.

Cirque Fernando. — Boulevard Rochechouart, 6b. Représen-
ations tous les jours. Fauteuils, 3 fr.; premières, 2 fr.;
econdes, 1 fr.

Cirque d'Hiver. — Boulevard des Filles-du-Calvaire. Ce
irque est desservi du 1er novembre au 31 mars par la troupe
u Cirque d'été, sous la même direction. Mêmes spectacles et
eprésentations identiques. Premières, 2 fr., en location, 3 fr.;
econdes 1 fr.; troisièmes 50 centimes.

Nouveau Cirque. — Rue St-Honoré, 251. Bâti sur l'emplace-
ent de la salle Valentino. Ce Cirque est devenu une des mer-

veilles du Paris moderne. La salle est une des plus riches et certainement la plus confortable du monde.

Tout le tour au-dessus des premières, vaste promenoir où se trouve un buffet très luxueux. Mais ce qui fait la grande attraction du Nouveau Cirque est le plancher de la piste qui pendant la première partie de la représentation est recouvert d'un épais tapis et qui, cette première partie terminée, s'abaisse et donne passage à l'eau, qui transforme la piste en un véritable lac. On y représente alors des fêtes nautiques, des pantomines et autres spectacles qui ont fait du Nouveau Cirque un établissement de premier ordre et une des curiosités de notre temps. La troupe ne le cède à aucune pour les autres exercices. Chaque année, en été, le cirque devient établissement de bains. Loges, 20 fr. (en location 25) ; fauteuils, 3 fr. (en location 4) ; Promenoir, 2 fr. Matinées les jeudis et dimanches.

Hippodrome. — L'Hippodrome situé avenue Marceau, 8, est un des Cirques les plus beaux qui existent. La piste est de forme oblongue et sert, outre les exercices équestres, à tou e sorte de représentations, pantomines, cortèges, chasses, etc., etc. On y voit aussi, comme dans les autres cirques, des équilibristes, gymnasiarques, clowns, etc., etc. L'Hippodrome n'est ouvert qu'en été et contient 9.000 places. Une toiture roulante le recouvre et peut être tenue fermée ou ouverte, selon la température. Loges, 6 fr. ; premières, 3 fr. ; secondes, 2 fr. ; troisièmes, 1 fr.

Concerts

Concerts du Conservatoire. — Ces Concerts qui commencent le deuxième dimanche de janvier, ont lieu tous les quinze jours et prennent fin au mois d'avril. Il est presque impossible d'y assister, car après le mois d'octobre, c'est-à-dire 3 mois avant l'ouverture, toutes les places sont déjà prises. La musique exécutée à ces concerts appartient, comme on peut le penser, au genre classique.

Concerts Colonne. — Ces Concerts qui attirent un public nombreux ont lieu tous les dimanches après-midi, pendant l'hiver seulement au théâtre du Châtelet.

Concerts Lamoureux. — Donnés les dimanches d'hiver dans l'après-midi au Cirque d'été, aux Champs-Elysées, sous la direction de M. Lamoureux, par la Société des Nouveaux Concerts.

Outre ces trois grands Concerts, les musiques militaires

ouent en été dans les jardins, et presque tous les jours des
Concerts artistiques ont lieu : Salle Erard, (rue du Mail, 13) ;
Salle Pleyel, (rue Rochechouart, 22) ; Salle Herz, (rue de la Victoire, 48) et Salle Kriegelstein, (4, rue Charras).

Cafés-Concerts

Eden-Théâtre. — Ce magnifique établissement, le plus beau
de ce genre qui soit au monde, est situé rue Boudereau, à
gauche de la rue Auber. La façade est de style hindou ainsi
que la salle qui est de forme octogonale et qu'est la reproduction d'une pagode. Rien ne peut donner une idée du luxe de
cette salle et des dorures qui la couvrent du haut en bas. Tout
autour de la salle, bel amphithéâtre où l'on monte par deux
escaliers grandioses. Sur cet amphithéâtre on a installé, outre
un vaste promenoir, trois foyers superbes : le foyer central, le
jardin d'hiver et la cour indienne où l'on peut fumer et consommer à loisir. Les plafonds de la salle sont dûs à Clairin. Les
représentations de l'Eden sont très variées ; on y a représenté
des ballets tels que *Excelsior* et des opérettes telles que la *fille
de Mme Angot.* Il sert actuellement de Café-Concert et répond
exactement au genre de divertissements des Folies-Bergère.
Nombreux public féminin. Promenoir, 3 fr. ; orchestre, 7 fr. On
y donne aussi de beaux bals masqués. Mêmes prix que l'Opéra.

Folies-Bergère. — Rue Richer, 32. Ce théâtre est rempli tous
les soirs et est vraiment curieux à visiter. Spectacles curieux
et variés consistant en concerts, ballets, pantomimes et gymnastique. Prix d'entrée, 2 fr.

Eldorado. — Boulevard de Strasbourg, 4. Très belle scène et
artistes distingués. Répertoire de chansonnettes comiques désopilantes. L'Eldorado est certainement le premier Café-Concert
de Paris. Tous les ans on y joue des revues qui y ont un grand
succès.

Alcazar d'Hiver. — Rue du Faubourg-Poissonnière, 10. Fermé
l'été.

Alcazar d'Eté. — Champs-Elysées, à droite. Comme son nom
l'indique, il n'est ouvert que pendant l'été.

Ambassadeurs. — Près de l'Alcazar d'été. Ouvert seulement
pendant la belle saison. Très fréquenté.

Bataclan. — Boulevard Voltaire, 50. Grand édifice japonais.

Eden-Concert. — 17, boulevard de Sébastopol.

Concert Parisien. — Rue du Faubourg-St-Denis, 37. Répertoire varié et amusant.

Pavillon de l'Horloge. — Vis-à-vis les Ambassadeurs, mais à gauche. Même genre; ouvert seulement en été.

Scala. — Boulevard de Strasbourg, 9. Salle à ciel ouvert en été. Artistes très distingués. Même genre que l'Eldorado.

Montagnes Russes. — Un résumé de curiosités parisiennes serait incomplet s'il ne faisait mention des Montagnes russes, rue Basse-du-Rempart (boulevard de la Madeleine). Outre le *voyage,* on peut s'y amuser de mille façons, musique, tirs, jeux de toutes espèces, nombreux public féminin. Entrée 1 franc.

Panoramas

Panorama de Constantinople. — Aux Champs-Elysées à droite. Mêmes prix.

Panorama de Moscou. — 5, rue de Berry.

Panorama de Jérusalem. — Près l'église du Sacré-Cœur au coin de la rue Lamarck et de la rue de la Barre. Prix d'entrée semaine 1 fr. Dimanches et fêtes 50 centimes.

Panorama Marigny. — Avenue Marigny. Panorama de la bataille de Buzenval.

Panorama de la prise de la Bastille. — Place Contrescarpe.

Théâtres

Deux régimes régissent les théâtres de Paris, les uns reçoivent une subvention, les autres sont libres. Au nombre de ceux qui reçoivent une subvention, figurent l'Opéra, l'Opéra-Comique, le Théâtre-Français et l'Odéon.

Opéra. — Ce théâtre, merveille d'architecture, fut construit sur les plans de Charles Garnier. Il fut commencé en 1862, mais ne fut terminé qu'en 1874. On est frappé des vastes proportions de ce grand édifice, mais pour en avoir une idée exacte il faut en faire le tour ou le voir du haut d'un endroit élevé, tel que tour, clocher. Aucun frais n'a été épargné pour faire de l'Opéra le plus beau théâtre du monde; il a coûté, emplacement compris, près de soixante-quinze millions.

La façade principale se compose d'un perron de marches, percé de 7 arches. Entre les arcades statues : le dramé par Falguière, le chant par Dubois, l'Idylle par Aizelin, la Cantate par Chapu ; et des groupes : la Musique par Guillaume, la poésie lyrique par Jouffroy, le drame lyrique par Perraud et le plus fameux de tous, la Danse par Carpeaux. Les matériaux coûteux qui servirent à bâtir l'Opéra furent apportés de partout. On trouve cependant que la façade manque de majesté, son effet étant atténué par la coupole et la partie destinée à la scène qui s'élèvent bien au dessus d'elle. On peut aussi critiquer les côtés du bâtiment. La façade est à trois étages et au-dessus des statues dont nous avons donné les noms sont les médaillons de Bach, Pergolèse, Haydn, Beethoven, Mozart, Cimarosa, etc. etc. Le premier étage a pour décoration une colonnade corinthienne avec dorures. Cette colonnade forme une galerie ouverte, au dessus fronton orné de statues. Des feuillages aux angles de la façade, groupes en bronze doré, l'Harmonie et la Poésie par Guinery, sculptés sur la balustrade. Derrière la Coupole deux groupes de dimension colossale Pégasse par Lequerre et Apollon avec une lyre dorée par Millet.

L'entrée principale est formée par un pavillon cylindrique du côté Ouest. Les porteurs de cartes d'abonnement ont accès par une entrée correspondante (côté Est). Le grand vestibule est décoré magnifiquement, on y remarque les statues de Gluck, Rameau et autres célèbres musiciens.

Le grand escalier surtout est magnifique, il est en parfaite harmonie avec le foyer et le reste de l'édifice. Là plus que partout ailleurs on peut comprendre que le but de l'architecte a été de construire un théâtre qui n'ait pas son rival au monde et il a réussi. Les couloirs sont très larges et de nombreux escaliers donneraient passage en quelques minutes à la foule en cas de sinistre.

Le foyer est orné de peintures superbes, il a 180 mètres de long. Le plafond de Baudry est divisé en dix sections et représente l'enfance et la maturité de l'art. Les miroirs superbes, les splendides lustres, les panneaux dessinés et peints avec un luxe inouï forment un ensemble féérique. La salle est très belle quoiqu'elle soit chargée de dorures et de richesses. Le plafond est peint sur cuivre par Lenepveu et le lustre central mérite une mention spéciale. Le foyer de la danse est décoré de peintures par Boulanger.

Représentations : les lundis, mercredis et vendredis et en

niver les samedis et dimanches, jours où les dames sont admises à l'orchestre.

Opéra-Comique. — L'Opéra-Comique détruit par un incendie
le 25 mai 1887 est transféré provisoirement au théâtre des
Nations, place du Chatelet.

Théâtre-Français ou *Comédie-Française.* — Rue de Richelieu et place du Théâtre-Français. On a tant dit et écrit sur la
maison de Molière qu'il est difficile d'y ajouter quoique ce soit
sans courir le risque de tomber dans des redites. Les pièces
jouées sont toujours représentées par des acteurs de premier
ordre. En entrant, dans le vestibule : Statues de Talma, de
Mars et de Rachel ; au rez-de-chaussée et sur l'escalier, bustes
d'auteurs dramatiques. Dans le foyer, remarquable statue de
Voltaire assis dans un fauteuil. Sur la Cheminée bas relief
montrant les personnages représentés dans les comédies de
Molière et à droite un buste de l'immortel comédien. De l'autre
côté de la cheminée nous voyons Corneille ; Racine est à droite
de Voltaire. D'autres bustes sont placés dans différentes parties
du foyer et dans le corridor. Au bout du corridor grand buste
de Georges Sand.

Représentations : Tous les jours (mardis et jeudis d'hiver
réservés à l'abonnement) tragédies, comédies, drames.

Odéon. — Souvent appelé second théâtre français. Il reçoit
du Gouvernement une subvention comme les théâtres précédents. Pendant les dernières années du XVIIIe siècle, la
Comédie-Française y donnait ses représentations avant l'achè-
ment de son théâtre, rue de Richelieu. On joue à l'Odéon des
comédies, des tragédies et des drames. L'Odéon a eu des alter-
natives de succès et de revers, mais sous la direction actuelle,
de grands efforts ont été faits et le théâtre est ordinairement
très fréquenté. L'extérieur du théâtre est majestueux, des deux
côtés sont des échoppes de bouquinistes et de marchands de
musique. Représentations tous les jours.

Ambigu. — 4, boulevard St-Martin. Ce théâtre fut construit
au commencement de ce siècle et donne des mélodrames et des
pièces à grand spectacle.

Représentations tous les jours.

Théâtre Beaumarchais. — Boulevard Beaumarchais. Vaudevilles, drames, etc.

Représentations tous les jours.

Bouffes du Nord. — Au coin du boulevard de la Chapelle et
du faubourg St-Denis. Opérettes, comédies et vaudevilles.

Bouffes-Parisiens. — 65, passage Choiseul. Opérettes très amusantes tous les jours.

Théâtre du Château-d'Eau. — Rue de Malte, 50. Drames, féeries et pièces militaires. Tous les jours.

Théâtre du Châtelet. — Un des plus grands théâtres de Paris, bien adapté aux féeries, pièces à grande mise en scène, ballets luxueux. Ce théâtre ne datant que de 1861 est donc relativement nouveau. Représentations tous les jours.

Théâtre de Cluny. — 71, boulevard St-Germain. Comédies et vaudevilles. Représentations tous les jours.

Théâtre Déjazet. — 41, boulevard du Temple. Ainsi nommé d'après la fameuse actrice. On y joue des comédies et des drames, mais surtout des spectacles populaires. Tous les soirs

Théâtre des Folies-Dramatiques. — Rue de Bondy (boulevard St-Martin). Opéras-comiques, bouffes et opérettes. Tous les soirs.

Théâtre de la Gaîté. — Square des Arts-et-métiers. Construit en 1861. Le boulevard de Sébastopol passe derrière ce théâtre. On y représente des drames et des comédies, mais maintenant on y donne surtout l'opérette. Représentations tous les soirs.

Théâtre du Gymnase. — Après la Comédie-Française venait jadis le Gymnase, et Scribe le choisit pour y faire représenter toutes ses pièces. Depuis lors, Feuillet, Augier, Sardou et Ohnet ont formé les auteurs actuellement représentés à ce théâtre. Représentations tous les soirs.

Théâtre des Menus-Plaisirs. — Boulevard de Strasbourg, 14. Nouvelle salle ; comédies, vaudevilles. Tous les soirs.

Théâtre des Nations. — Place du Châtelet vis-à-vis le Châtelet. Ce théâtre fut en partie détruit par les communards en 1871. Son ancien nom était théâtre lyrique et on jouait des opéras.

Il sert actuellement à la troupe de l'Opéra-Comique jusqu'à ce que la reconstruction de celui-ci soit un fait accompli.

Théâtre des Nouveautés. — 28, boulevard des Italiens. Fondé par Brasseur qui était auparavant au Palais-Royal, sur l'emplacement du théâtre des Fantaisies-Parisiennes. Opérettes, opéras-bouffes, vaudevilles et revues. Tous les jours.

Théâtre du Palais-Royal. — 75, galerie Montpensier. Ce théâtre date de 1784 et fut complètement restauré en 1880. Le foyer est remarquable par les portraits des acteurs célèbres qui se sont succédé sur la scène du théâtre. La salle fraîchement décorée est un vrai bijou. On y joue des comédies et des farces d'une moralité souvent douteuse, mais le vieil esprit gaulois n'y perd jamais ses droits. On s'amuse toujours beaucoup au Palais-Royal.

Représentations tous les jours. Les dames ne sont pas admises à l'orchestre.

Théâtre de la Porte-St-Martin. — 11, boulevard St-Martin. Anciennement on y jouait surtout des mélodrames, actuellement on y joue le drame et la comédie. Représentation tous les soirs.

Théâtre de la Renaissance. — A l'angle du boulevard St-Martin et de la rue de Bondy. Ce théâtre tout à fait moderne fut terminé en 1873. On y joue des opérettes et des opéras-bouffes tous les soirs.

Théâtre des Variétés. — 7, boulevard Montmartre. Vaudevilles, opérettes, revues, etc. Tous les soirs.

Théâtre du Vaudeville. — Au coin de la rue de la Chaussée-d'Antin et du boulevard des Capucines. Date de 1869. On y joue surtout des vaudevilles et des pièces d'auteurs joués également au Gymnase. Ces deux théâtres ont, en effet, plus d'un point commun. Représentations tous les soirs.

Citons pour mémoire les théâtres des Batignolles, de Belleville, des Gobelins, de Grenelle, de Montparnasse, de Montmartre, de Passy et de la Villette.

MAGASINS

Les magasins de Paris sont certainement les plus élégants et les mieux décorés qu'il soit possible d'imaginer, et les marchands savent arranger leurs étalages de manière à charmer et captiver le public. On trouve de bons magasins dans toutes les rues de Paris. En faire la nomenclature serait par trop long. Qu'il nous soit permis cependant de mettre les voyageurs en garde contre les ventes après décès, après faillite, etc., qui sont toujours des pièges tendus à la crédulité des naïfs.

MAISONS HISTORIQUES

Hôtel Barbette. — Rue des Francs-Bourgeois. C'est en sortant de cet hôtel que Louis d'Orléans fut assassiné en 1407.

Hôtel Beauvais. — Rue François-Miron. Escalier superbe.

Hôtel de Béthune. — Rue Saint-Antoine, 42. Bâti pour Sully, ministre de Henri IV. Bas-reliefs. Cour richement décorée.

Hotel de Bourgogne. — Il n'en reste qu'une tour, dit tour de Jean-Sans-Peur, carrée visible rue Etienne-Marcel et enclavée des autres côtés dans des propriétés particulières. Grande salle et curieux escalier.

Hotel Carnavalet. — Rue de Sévigné, 23. C'est là qu'est la bibliothèque de la Ville de Paris. Il y a aussi un musée. Cet hôtel fut commencé en 1544 et bâti par Jacques de Lyneris président du Parlement de Paris, par Jean Bullaut, d'après les plans de Pierre Lesca. Jean Gacyon orna les murs extérieurs de bas-reliefs ; mais parmi ceux qui existent, il est difficile de dire exactement où se trouve son œuvre. On croit cependant qu'on peut lui attribuer les quatre saisons dans la cour de l'hôtel. Elles sont sculptées dans le bâtiment même et en face de l'entrée principale. En 1573, l'hôtel fut vendu à Françoise de la Baume, baronne de Viernevenach. Ce nom adouci devint Carnavalet, nom qui a été conservé jusqu'à ce jour. On y fit alors d'importantes réparations et l'hôtel fut terminé environ cent ans après avoir été bâti. En 1677, il fut acheté ppr Madame de Sévigné qui y fit de grands changements et y vécut jusqu'à sa mort. Il y deux cents ans, le quartier du Marais où se trouve l'hôtel Carnavalet était le plus élégant de Paris. Après la mort de de Mme de Sévigné, il fut acheté par un fermier général et devint après la propriété de l'Etat.

Hotel de Hollande. — Rue Vieille-du-Temple, 47. Façade sculptée, bas-reliefs très beaux.

Hotel Juigné. — Rue Thorigny, aussi appelé hôtel Salé. Occupé jadis par l'Ecole Centrale des Arts et Manufactures.

Hotel de Cluny. — (Voir Musée de Cluny).

Hotel Lambert. — Rue Saint-Louis-en-l'Ile,—2.Beaux tableaux de Lebrun et de Lesueur.

Hotel de Lamoignon. — 24, rue Pavée. Bâti par Diane de Poitiers, acheté par le président de Lamoignon en 1680.

Hotel de la Valette. — 2, quai des Célestins. Belle façade. Sert à l'Ecole Massillon.

Hotel de Luynes. — Boulevard Saint-Germain, 203. Vieil hôtel construit pour la famille de Rohan à qui les de Luynes l'achetèrent. Architecture légère.

Hotel de Matignon. — Rue de Varennes, 57, construit par l'architecte Brongnart.

Hotel de Ninon de Lenclos. — Rue des Tournelles, 28. Beaux plafonds. Escalier monumental.

Hotel d'Ornesson. — Rue Saint-Antoine, 212. Sert à une école.

Hotel de Saint-Aignant.—Rue du Temple, 71.—Belles arcades entourant la cour.

Hotel de Sens. — Rue Figuier, 1. Style gothique très beau.

Abbaye de Saint Germain-des-Pres. — 3, rue de l'Abbaye. — occupé par des industriels et commerçants.

Palais Pompeien. — Avenue Montaigne, 88. Bâti par le prince Napoléon en 1860.

Maison de François Ier. — Au coin du Cours-la-Reine et de la rue Bayard. Jolie maison construite à Moret pour Diane de Poitiers par François Ier, transportée et reconstruite sur l'emplacement actuel. Trois arcades en plein cintre. Façade renaissance. Médaillons, etc

MANUFACTURES

Manufacture générale des Gobelins et de la Savonnerie. — Avenue des Gobelins, 42. Ouverte au public les mercredis et samedis, de midi à trois heures. Doit son nom à Jean Gobelin, célèbre teinturier qui établit ses ateliers sur les rives de la Bièvre. La famille Gobelin continua cette industrie pendant deux siècles, jusqu'à ce que Colbert fonda au même endroit une manufacture de vastes dimensions qui fut bientôt agrandie et qui est maintenant une des curiosités de Paris.

Commercialement, la manufacture n'eût pas de succès, mais on la continua parce qu'on supposait que la supériorité des produits manufacturés par l'Etat encouragerait l'industrie particulière et l'aiderait. Presque toutes les tapisseries de choix fabriquées aux Gobelins étaient réservées à la famille royale de France ou offertes comme présents aux cours étrangères et à leurs ambassadeurs.

La savonnerie de la manufacture de tapisseries, où l'on y fabriquait des tapis, était une fondation de Marie de Médicis et ne fut réunie aux Gobelins qu'en 1826. L'établissement actuel est beaucoup plus petit que celui qui fut détruit pendant la Commune, ainsi que quatre-vingts tapisseries de grand prix.

Heureusement, avant le siège on avait mis en sûreté les plus beaux spécimens qui sont actuellement exposés dans les salles qui ont été épargnées par le feu. Le bâtiment détruit n'a pas été reconstruit.

Cent cinquante ouvriers sont employés aux Gobelins. Les tapisseries sont faites entièrement de laine et sont toutes des copies de chefs-d'œuvre fameux. Le tissage est si compliqué que la moyenne d'un jour de travail est de 6 pouces carrés par ouvrier. Les grandes tapisseries prennent plusieurs années pour être achevées et ont une valeur énorme.

La première salle contient les sujets suivants : Réception des

Ambassadeurs Persans et Napoléon offrant un sabre d'honneur au commandant d'Alexandrie, d'après Mulard; la Seine, Chansons. La manne dans le désert, d'après Nicolas Poussin; Une scène indienne, d'après Trionon. Dans le corridor, une copie de la Pastorale de Boucher; Amyntax sauvant Sylvie des griffes du Dragon. Dans la grande salle, Vénus et Vulcain, d'après Boucher; Junon sur un lit de roses, d'après Audran: Don Quichotte et le mariage d'Alexandre, d'après Coypel; Fables : Les deux chèvres et le loup et l'agneau, d'après Oudry et groupe de chiens, par Despolles ; Vénus Junon et Cérès, Jupiter et Cupidon, belles copies des fresques de Raphaël; portrait de Lebrun premier directeur de l'Etablissement, d'après Larguillière; Christ au tombeau d'après Philippe de Champagne ; Portrait de Louis XIV d'après Rigaud; portrait de Colbert d'après Lefèvre ; la Danse, tapisserie Japonaise.

Manufacture des Tabacs. — Quai d'Orsay, entre le pont des Invalides et le pont de l'Alma. Cette manufacture est aussi dite du *Gros Caillou*, et est très intéressante à visiter; surtout pour ceux qui ne craignent pas l'odeur pénétrante du tabac dont les vêtements restent longtemps imprégnés. Le public n'y est pas admis, sauf les jeudis de 10 à 12 heures et de 2 à 4 heures. Pour les autres jours, il faut produire un passeport.

Il y a une autre manufacture de tabac à Reuilly, près de Charenton, mais on n'y fabrique que les cigares de choix. Les bénéfices réalisés par l'état, sur la fabrication et la vente des tabacs s'élèvent à plus de 300 millions annuellement.

Mont de Piété

Bureau central, rue des Francs-Bourgeois.

En France, le Gouvernement exploite le Mont-de-piété qui forme une part de l'Assistance publique, aux dépenses de laquelle il contribue largement et contribuerait encore beaucoup plus sans la stupide paperasserie qui encombre ses bureaux et diminue ses profits. Le taux de l'intérêt est de 9 0/0 pour les prêts faits au moins pour 15 jours. On prête les 4/5 sur les objets d'or et d'argent et les 2/3 pour les autres ; mais l'appréciateur réduit toujours la valeur de moitié et fait alors son calcul. Au bout d'un an, les objets sont vendus et le boni est réservé pendant trois ans à la disposition du porteur de la reconnaissance.

Le Mont-de-Piété a de nombreuses succursales dans Paris Ajoutons que par crainte d'engagement d'objets volés, on exige la présentation au bureau de papiers bien en règle.

MUSÉES

MUSÉE D'ANATOMIE COMPARÉE

A l'Ecole de Médecine ; appelé aussi *Musée Orfila* :

Squelettes, préparations, pièces anatomiques en cire, modèles d'écorchés.

Collection complète d'instruments de chirurgie, produits pharmaceutiques.

MUSÉE DES ARCHIVES NATIONALES

(Voir Archives Nationales)

MUSÉE D'ARTILLERIE

Installé dans l'hôtel des Invalides, il comprend une riche collection d'armes offensives et défensives de tous les temps.

Le vestibule est orné de canons pris à l'ennemi ; du vestibule on pénètre à droite et à gauche dans la *galerie des armures*.

A gauche. — Collection des armures que les chevaliers portaient dans les tournois. Puis dans des vitrines des armes de toutes sortes, casques, boucliers, fusils et pistolets.

Armes de Henri IV, épée de Charles XII de Suède, casque de Bajazet, etc., etc., casques, morions, rondaches ; armes destinées par Napoléon 1er à l'Empereur du Maroc, manteaux de l'Ordre du St-Esprit.

Salle des armures à droite. — Armures des ducs de Guise et de Montmorency, du baron des Adrets, de Montluc, de Turenne, de Condé, etc., Toutes les armures des rois de France, de François 1er à Louis XIV, beaux boucliers et épées ciselées qui sont les merveilles de l'art espagnol.

Cour d'Angoulème. — Canons de tous calibres disposés par ordre chronologique, entre autres le griffon, couleavrine de 1522, une chaîne énorme provenant du siège de Vienne, statue du général de Gribeauval.

Armes blanches et armes à feu. — Armes orientales, bulgares, serbes, grecques, trophées de la campagne de Chine, armes d'hast du XIVe au XIXe siècle, sabre d'Augereau, etc. Dans l'autre salle à gauche, équipements complets, hallebardes et armes à feu du XVe au XIXe siècle, arcs et casques modernes.

GRANDS MAGASINS

DE LA

PLACE CLICHY

✦•✦•✦➤

EXPOSITION UNIVERSELE 1889

✦•✦•✦➤

VOIR CLASSE 18 -- ILOT F

DE LA

SECTION DE L'AMEUBLEMENT

✦•✦•✦➤

NOS DERNIÈRES CRÉATIONS

EN

Meubles, Tapis, Tentures, etc.

AGRANDISSEMENTS DES ATELIERS DE TAPISSERIE

A LA PLACE CLICHY

V. Michel sc.

**Spécimen du Tambourin-Prime offert pour
tout achat par les
Grands Magasins de la Place Clichy**

SERVICE DES EXPÉDITIONS

Nos Catalogues et Échantillons sont envoyés *gratis et franco* dans tous les pays du Monde.

Les Expéditions se font *franco de port*, à partir de 25 francs pour la France, la Belgique, la Hollande, l'Alsace-Lorraine, l'Allemagne, l'Autriche-Hongrie, le Grand Duché de Luxembourg, l'Italie Continentale et la Suisse.

Les colis postaux d'une certaine valeur, sont envoyés franco dans tous les pays.

Pour tous autres renseignements, prière de consulter nos catalogues.

AGRANDISSEMENTS DES ATELIERS DE TAPISSERIE

A LA PLACE CLICHY

Spécimen du Tambourin-Prime offert pour tout achat par les Grands Magasins de la Place Clichy

SERVICE DES EXPÉDITIONS

Nos Catalogues et Échantillons sont envoyés *gratis et franco* dans tous les pays du Monde.

Les Expéditions se font *franco de port*, à partir de 25 francs pour la France, la Belgique, la Hollande, l'Alsace-Lorraine, l'Allemagne, l'Autriche-Hongrie, le Grand Duché de Luxembourg, l'Italie Continentale et la Suisse.

Les colis postaux d'une certaine valeur, sont envoyés franco dans tous les pays.

Pour tous autres renseignements, prière de consulter nos catalogues.

GRANDS MAGASINS

DE LA

PLACE CLICHY

＊•◆•＊

EXPOSITION UNIVERSELE 1889

＊•◆•＊

VOIR CLASSE 18 -- ILOT F

DE LA

SECTION DE L'AMEUBLEMENT

＊•◆•＊

NOS DERNIÈRES CRÉATIONS

EN

Meubles, Tapis, Tentures, etc.

GRANDS MAGASINS

DE LA

PLACE CLICHY

+•◆•+

EXPOSITION UNIVERSELE 1889

+•◆•+

VOIR CLASSE 18 -- ILOT F

DE LA

SECTION DE L'AMEUBLEMENT

+•◆•+

NOS DERNIÈRES CRÉATIONS

EN

Meubles, Tapis, Tentures, etc.

A LA PLACE CLICHY — EXPOSITION

Peignoir en percale avec plis formant empiècement, jabot de broderie ou dentelle............ 7.90

Costumes de bains de mer en serge anglaise, orné de galon et plastron brodés, exceptionnel.... 9 50

Toilette en crépon, fond bleu à grands dessins, uni, assorti. **29 fr.**
Chapeau en manille écrue orné d'une draperie en cachemire, dentelle de laine...................................... **2.90**

Toilette en crépon, fond bleu à grands dessins, uni, assorti. **29 fr.**
Chapeau en manille écrue orné d'une draperie en cache-
mire, dentelle de laine............................... **2.90**

Création récente d'un **COMPTOIR SPÉCIAL** d'Ustensiles de Ménage en cuivre, nickel et fer battu émaillé, faïencerie, cristallerie, etc.

Le « **Laroh** », très joli service de table en véritable terre de fer anglaise, nuances rose ou brun.

Le Service table 74 pièces	**45.50**
Le Service dessert 42 pièces	**27.50**
Service en cristal Baccarat, 52 pièces	**49.50**

Casseroles en Cuivre rouge, étamées, queues légères.

D.	10	11	12	13	14	15	16	17	18	19	20	21	22
P.	85	1.10	1.10	1.80	2.20	2.50	2.95	3.50	3.90	4.50	5.25	5.75	6.50

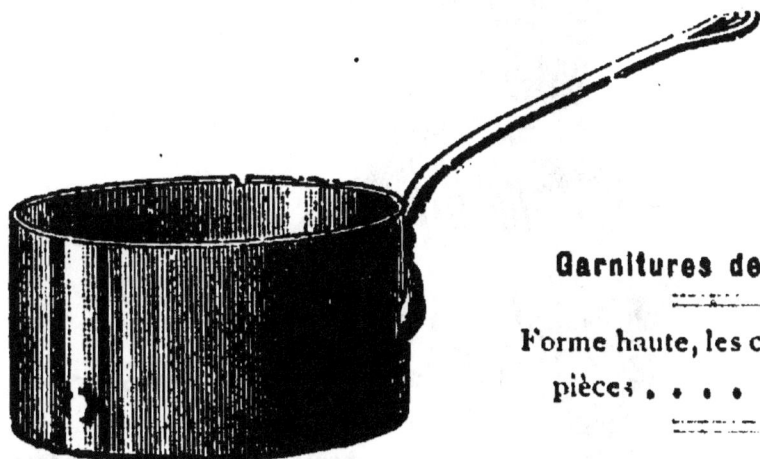

Garnitures de Toilette

Forme haute, les cinq pièces **9.90**

Casseroles en Nickel

D.	12	13	14	15	16	18	20
P.	5.50	5.90	6.50	7.50	8.50	11.50	13.50

Marmites en nickel

D.	18	20	22	24
P.	13.50	16.50	19.50	23.50

A LA PLACE CLICHY

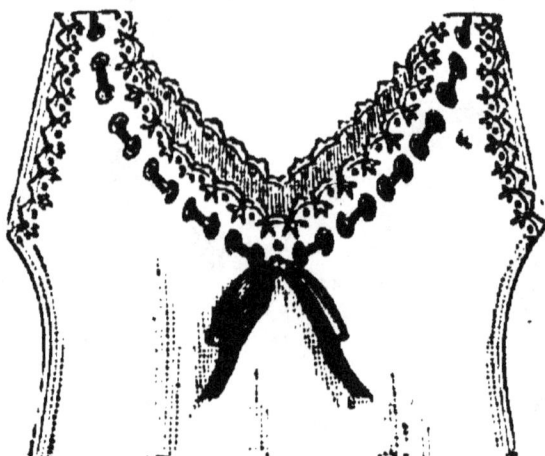

Trousseaux

Dentelles

Lingerie fine

Layettes

Corsets

Plissés

Balayeuses

Chemises de jour en shirting ou en percale, guirlande brodée à même, œillets boutonnières pour passer un ruban . . **4.90**

Chemises de jour en nansouk fin avec impressions couleur très richement garnies dentelle, depuis **4.90**

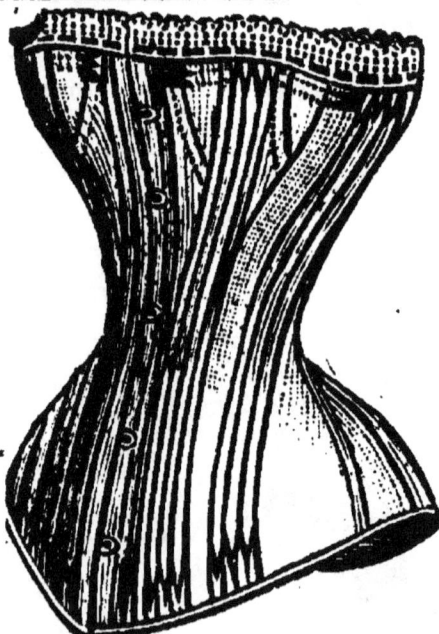

Rue

d'Amsterdam

97, 99 et 101

PARIS

Rue

St-Pétersbourg

32, 36, 38, 40, 42

et 44

PARIS

Corsets en coutil écru qualité forte, garnis d'une broderie même nuance éventaillés couleur, article spécialement recommandé **8.90**

Le même article, façon corsetière garni du haut et du bas de dentelle sur transparent couleur **11.50**

Toilette en mousseline de laine faisant blouse, froncée... **40 fr.**
Chapeau dentelle formant capeline avec bouquet de sureau. **19.75**

Chapeau forme capeline, en paille de riz, orné d'épis et de rubans... 25 fr.

Costume de fillette, en mousseline de laine, ceinture en rubans.. **15.75**
LA TAILLE DE 3 A 6 ANS

Costume de garçonnet, en coutil rayé bleu ou rouge............ **5.75**
LA TAILLE DE 4 A 12 ANS

GRANDS MAGASINS

DE LA

PLACE CLICHY

+•◆•+

EXPOSITION UNIVERSELE 1889

+•◆•+

VOIR CLASSE 18 -- ILOT F

DE LA

SECTION DE L'AMEUBLEMENT

+•◆•+

NOS DERNIÈRES CRÉATIONS

EN

Meubles, Tapis, Tentures, etc.

Armes orientales. — Riches spécimens de tous les pays d'Orient, selles et armes de Charles X, Napoléon Ier, Louis XVI ; collection de décorations, d'arbalètes et de pistolets.

Cour de la Victoire. — Pièces modernes et canons espagnols provenant de la baie de Vigo.

Galerie Ethnographique. — Cette galerie comprend une collection des plus intéressante dans laquelle figurent quatre-vingt-trois types guerriers de l'Asie, de l'Afrique, de l'Amérique et de l'Océanie.

Second étage à droite. — *Costumes de guerre.*

Plusieurs salles, armes de pierre et de bronze, périodes Carlovingienne, Grecque et Romaine, Costumes Gaulois, Grecs, Romains, etc.

A gauche. — *Modèles d'artillerie.*

Modèles en petit des canons et autres engins, ponts de campagne et autres depuis la création de l'artillerie jusqu'à nos jours.

MUSÉE DES ARTS-ET-MÉTIERS

(*Voir Conservatoire des Arts-et-Métiers*)

MUSÉE DES ARTS-DÉCORATIFS

Fondée par une Société particulière dans le pavillon S. E. du Palais de l'Industrie. Ce n'est qu'une exposition temporaire d'objets prêtés par des particuliers, de peintures, sculptures, statues, etc.

MUSÉE ASTRONOMIQUE

A l'Observatoire, ouvert le premier samedi de chaque mois, avec autorisation du Directeur.

MUSÉE CAMBODGIEN

(*Voir Musées du Trocadéro*)

MUSÉE CARNAVALET

Consacré à l'histoire de Paris et de la Révolution. Ouvert les dimanches et jeudis de 11 h. à 4 heures.

4

Rez-de-chaussées. — Des photographies qui représentent des monuments divers de la période gallo-romaine, des fossiles et des exemples d'animaux gigantesques et antédiluviens.

Sous-sol. — Seulement ouvert en été, il contient à peu près le même genre de collections que le rez-de-chaussée.

Premier étage. — Dessins et peintures ayant pour but de perpétuer le souvenir des révolutions de 1830 et de 1848.

Dans la grande salle la première chose qui frappe les yeux est une jolie réduction de la Bastille, taillée, dit-on dans une pierre de la forteresse. Drapeaux des républicains et des alliés, cartes à jouer, éventails, manchons, armes, drapeaux, objets de toilette et almanachs (très curieux).

Dans les galeries, potiches et porcelaines fabriquées sous l'Empire et avec inscriptions. Fameuse tasse en porcelaine de Saxe dite tasse de la Guillotine.

Dans le *Salon-Central*. — Fauteuil de Voltaire, plafonds provenant d'anciennes demeures.

Salon des tableaux. — Plafond de Lesueur. Quelques tableaux ; dans l'escalier belle rampe et bas-reliefs de valeur.

Salle dite du Palais-Royal ; curieuse réduction du Palais-Royal et de ses galeries.

Dans le jardin : Maison des drapiers et sous les arcades débris d'édifices du moyen âge.

Dans les dernières salles, cheminée du XIVe siècle, poteries et autres objets de la période Gallo-Romaine, inscriptions.

MUSÉE CÉRAMIQUE

(*Voyez Manufacture de Sèvres*)

MUSÉE DE CLUNY ET DES THERMES

Situé sur le boulevard St-Germain. Ouvert au public de 11 h. à 4 h. 1|2, excepté le lundi.

C'est le plus ancien de tous les musées de Paris ; c'était autrefois le Palais de l'Empereur Romain, Constance Chlore, et c'est dans son enceinte que Julien l'apostat fut proclamé Empereur par son armée.

L'hôtel de Cluny dans lequel se trouve la plus belle collection de curiosités de Paris fut bâti au commencement XVIe siècle par les abbés de Cluny. Le bâtiment est un mélange de gothique et de style de la Renaissance et est parfaitement conservé. La propriété passa des mains des moines à celles des Rois de France et fut en 1798 donnée à la nation. En 1833, M. du Sommerard, devint professeur de l'hôtel et y installa son beau musée. A sa mort toute la collection ainsi que le bâtiment fut acheté par le Gouvernement et a depuis été augmentée dans de grandes proportions. L'entrée de l'hôtel est rue du Sommerard à gauche du boulevard St-Michel, on entre dans une cour et une allée mène sous une arche assez basse jusqu'à l'entrée du musée. Ce qu'il y a de plus intéressant est la porte de la vieille église St-Benoît et les trois arches romanes de l'Abbaye d'Argenteuil.

Dans la cour gauche sont les voutes élevées des Thermes. La salle des bains foids à vingt-deux mètres de long, douze de large et dix-neuf de haut.

Les colonnes supportant les voutes sont ornées de figures représentant la proue d'un vaisseau, on suppose et non sans quel qu'apparence de raison que telle a été l'origine des armes de Paris : une nacelle avec la devise : *Fluctuat nec mergitur.*

Rez-de-chaussée. — Salle 1. — Meubles en bois sculpté, grande boiserie magnifiquement travaillée et datant du quinzième siècle. Tableaux parmi lesquels il faut remarquer un tryptique à volets qui représente l'Ascension, la mise au tombeau et Jésus tombant sous le fardeau de sa croix.

Salle 2. — Banc provenant d'un réfectoire de couvent et sur lequel dix-sept petits groupes en bois datant du XV° siècle sont placés. Remarquer ensuite la statue du Sommeil et Ariane abondonnée.

Banc d'œuvre à trois stalles du seizième siècle. Le Christ à la Fontaine et la Présentation de Jésus-Chist au Temple ; statue de Diane de Poitiers.

Salle 3. — Poterie antique, objets de plomb et de bronze avec des inscriptions sur cuivre provenant des tombeaux des Rois à St-Denis. Bronzes et faïences de l'époque gallo-romaine. Remarquable cabinet provenant de la sacristie de l'église de St-Pol de Léon en Belgique avec un tryptique peint et doré du XV° siècle.

Salle 4. — Collection de jetons placée dans un meuble hollandais, cheminée en pierre avec bas-reliefs sculptés et représentant Diane au bain et Actéon changé en cerf.

Salle 5. — Tapisseries flamandes représentant des épisodes de la guerre de religion, Jarnac, la mort de Condé, l'assassinat du duc de Guise et diverses autres scènes.

Corridor. — Bas-reliefs en albâtre. Scènes de la vie de Jésus-Christ et de la vie des Saints, vitraux gothiques et peintures italiennes.

Salle 6. - Vêtements éclésiastiques brodés d'or et provenant de la cathédrale de Boldewick. Partie d'une série de tapisseries sur l'histoire de David et de Bethzabée, sept tapisseries seulement sont dans cette salle, tabernacle espagnol du seizième siècle

Salle 7. — Ornements d'église superbes, provenant du butin fait en Italie sous Louis XII, madone napolitaine, vierge du 14ᵉ siècle, médaillon représentant Catherine de Médicis en Junon et Diane de Poitiers en Vénus

Salle 8. — Voitures de Gala, traineaux, harnais, selles, brides et équipements. Carosses ayant appartenu l'un au Pape Paul V et l'autre au cardinal de Rohan.

Salle 9. — Sculptures, statues et bas-reliefs. On peut de là communiquer avec les Thermes.

Premier étage. — L'escalier qui porte les armes d'Henri III provient du Palais-de-Justice.

Première salle. — Cabinets avec missels illustrés, miniatures, faïences, tapisseries et armes. Faïences italiennes. Remarquer notamment l'Adoration, la Tempérance, etc.

Deuxième salle. — Poteries de Rhodes, dessins orientaux du XIVᵉ au XVIᵉ siècle, poteries mauresques vernies (XIVᵉ et XVᵉ siècle).

Vitrines au quatre angles :

Première vitrine. — Verres de Venise et allégories en émail représentant des divinités.

Deuxième vitrine. — Boîtes à hosties, crosse épiscopale, colombes pour l'eucharistie, châsse du XVᵉ siècle.

Troisième vitrine près des fenêtres. — Ornements et orfèvrerie religieuse.

Quatrième vitrine. — Beaux émaux limousins du XIIIᵉ siècle, médaillons.

Cinquième vitrine. — Coupes et coffrets. émaux, portraits de Claude de Lorraine, du duc de Guise et d'Antoinette de Bourbon.

Sixième vitrine. — Suite des émaux aux chiffres et armes de la reine Catherine de Médicis.

Septième vitrine. — Emaux de Reymond, sujets tiré de l'histoire du Christianisme, Ste-Catherine de Courteys, St-Marguerite de Nouailher, Moïse, par Penicaud ; le Jugement de Paris et autres sujets mythologiques.

Huitième vitrine. — Dix-huit plaques de Raymond, coupes en verre de Venise, bassins et plats représentant Psyché et Junon, Samson et Dalila, naissance de Bacchus, la Justice, la Charité la Prudence.

Neuvième vitrine. — Verres d'Allemagne et de Bohème, plats, assiettes et salières du quinzième siècle.

Dixième vitrine. — Bonnet de Charles Quint, costume de dame en dentelles de Venise, épée de Charles le Téméraire.

Onzième vitrine. — Guipures d'Annes d'Autriche, points de Venise, carosserie et cartouchière du XVI⁰ siècle.

Troisième salle. — Faïences françaises, hollandaises et allemandes. Faïences italiennes et tapisseries flamandes, faïences arabes avec reflets métalliques très curieux à voir, faïences de l'île de Chypre·

Quatrième salle. — Cabinet florentin avec incrustations et inscriptions.

Cinquième salle. — Faïences majolique et italiennes. Armes et manuscrits. Cheminée en pierre artistement sculptée.

Sixième salle. — Cabinet flamand en bois ouvragé et orné de peintures, buffet flamand sur lequel sont placés des faïences, des grès et des porcelaines de la Chine et du Japon. beaux meubles anciens, statuettes de bronze, tapisseries flamandes.

Septième salle. — Ne contient que des faïences.

Huitième salle. — Grand lit à baldaquin ayant servi à François Ier, Cabinets Vénitien, Cabinets Français. Armoire de St-Bernardt provenant de l'Abbaye de Clairvaux, chaire décorée de bas-reliefs.

Neuvième salle ou salle du *Sommerard.* — Cette salle contient les bijoux et joyaux de la collection du Sommerard et les bustes du fondateur du musée et de son fils ; des ouvrages de sculpture incrustés d'or et d'argent; des cabinets garnis de mosaïques ; Le chef-d'œuvre de ces derniers est le nᵒ 387 et représente le mariage d'Othon II avec une princesse grecque.

Première vitrine. — Coffrets d'ivoire, jeux d'échecs en cristal de roche, châsse de la Vierge, châsse de Ste-Catherine, musiciennes, têtes de lion, le tout en cristal de roche. Couvertures de livres en ivoire, tryptiques du XIV⁰ siècle.

Deuxième vitrine. — Ivoires divers et nombreux sujets mythologiques représentés sur des plaques d'ivoire, boîte d'ivoire provenant de l'Abbaye de St-Denis.

Grande vitrine. — La Vertu chatiant le Vice, le Manneken-Piss, châsse décorée de sujets bibliques, Vierges, statuettes d'ivoire de Ste-Radegonde et de Ste-Philomène.

Vitrine de gauche. — Médaillons en cire représentant l'un Marguerite de Valois et l'autre Diane de Poitiers, table a trictrac richement incrustée, boîtes en cuir avec ornements. Grand cabinet en ébène avec des incrustations. Sacre de Louis XII tableau peint sur bois, grand cabinet en ébène représentant des sujets tirés de Don-Quichotte. Oratoire des duchesses de Bourgogne. Boite ivoire ancienne ornée de curieux bas-reliefs, crosse épiscopale en bois du XIVe siècle, dyptique sculpté. Quenouilles fuseaux, etc.

Dixième salle. — Emaux de Limoges du treizième au seizième siècle, verres de Venise, miniatures sur bois représentant soixante rois de France.

Première vitrine. — Serrures et ouvrages en bronze. Clefs et ferrures provenant des chateaux d'Anay et d'Ecouen.

Deuxième vitrine. — Reproduction de pièces de trésor d'Hildesheim, crédence, aiguière et pots, orfevrerie en culvre du treizième siècle.

Troisième vitrine. — Bronzes et pièces de serrurerie, clefs ouvragées, marteaux à portes, verrous et cadenas.

Quatrième vitrine. — Horloges, verres à boire bavarois, coffre vénitien, miroir damasquiné, anneaux d'or, étriers de François Ier, cuivres et fers repoussés.

Cinquième vitrine. — Petite chapelle, sonnettes, objets en argent doré, statuettes représentant des Saints.

Sixième vitrine. — Pièces de serrurerie et clefs.

Septième vitrine. — Epée, fermoirs de bourses, chandelier du règne de Louis XV.

Huitième vitrine. — Serrures diverses.

Neuvième vitrine. Coffrets de fer, chenêts italiens.

Dixième vitrine. Fers de supplice, gril et rapport de feu. Crosse épiscopale, ceintures de supplice.

Onzième vitrine. — Encensoirs, crosses et anneaux d'abbés, reliquaires, ostensoirs, calices, navettes à encens et beaux émaux sur cuivre, globe céleste italien.

Douzième vitrine. — Boussoles et instruments nautiques, cadran solaire, astrolabes et horloges.

Onzième salle. — Ornements d'église, machoire de Molière, rose d'or de Bâle (XIVe siècle), couronnes d'or trouvées près de Tolède. Pièce d'autel en or. Fourchettes, cuillers et escarcelles du XVIe siècle, collier de la Toison d'or, croix italienne, etc.

9 Grand retable de Rembrandt, miroirs, bagues d'évêque, et portrait de Henri II. Autel d'or donné par Henri II empereur d'Allemagne bas-reliefs artistement ciselés. Châsse française, reliquaire allemand, crosses, mitres, mécanismes ingénieux pour faire partir les bouches à

feu. Couronne du roi Reccesvinthus et couronne de la reine Sonnica. Ceinture gauloise appelée Vocquès. Grand reliquaire d'or en forme de croix orné de pierres précieuses, grande croix italienne en argent ciselé et doré, ornée d'émaux et terminée par les statues de la Vierge, St-Marc, St-Luc, St-Jean.

Croix d'or, ornée de pierres précieuses. Beaux ciboires. Trésor gaulois trouvée près de Nantes et composé de dix pièces d'orfèvrerie d'or massif ; Bassins plats, ceinturon Carlovingien, fourreau d'épée, couverture de missel en ivoire, croix grecque du XIVe siècle. Fermail en argent émaillé, plats d'étain, bijouterie, montres. Châsse de la Vierge, beau reliquaire d'argent. Trésor de Guerrazar, croix et reliquaires en filigrane doré, Châsse ossuaire du trésor de Bâle.

Douzième salle. — Chambre de la reine Blanche occupée par Marie Tudor sœur d'Henri VIII roi d'Angleterre. Bureau du maréchal de Créqui avec des incrustations de cuivre et d'écaille. Lit et mobilier du château d'Eflit. Grand lit à baldaquin avec rideaux en velours de Gênes, Vénus et l'Amour sous les traits de Diane de Poitiers. Statue de Duquesnoy, le Christ bénissant le monde.

Chapelle. — Beau spécimen d'architecture gothique, les nervures des voûtes reposent sur un pilier central isolé. Retable flamand, niches en relief bien exécutées. L'abside est peinte à fresques. Un escalier en spirale conduit à la cour de derrière où on trouvera les thermes.

MUSÉE DES COPIES

Au Palais des Beaux-arts premier étage. — Il faut noter dans le vestibule : la Madone de Raphaël, l'Adoration des Mages, le supplice de St-Jacques les sybilles de Raphaël, Vénus, Cérès, Junon, la Poësie, Jupiter et l'Amour de Raphaël. Au milieu bas-reliefs, la Vierge et les Saints. Déposition de la croix. Persée par Benvenuto Cellini, châsse et bas-reliefs de Sienne, châsse de St-Zénobé, miracle de St-Antoine, tombeau des Enfants de Charles IV, statue del Caretto.

A droite. — Bas-reliefs de Jean Goujon, statuettes par P. Vischer, statues de la cathédrale de Reims, les Grâces, statuettes des tombeaux des ducs de Bourgogne, fonts baptismaux, Vierge au portail de Notre-Dame de Paris.

Dans la grande Chapelle. — Statue Gaston de Foix, jugement d'après Raphël, les danseurs, les chanteurs et les joueurs d'instruments, David vainqueur de Goliath.

Dans une petite Chapelle. — Les portes du baptistère de Florence, Mausolées de Julien et de Laurent de Médicis, Moïse, les esclaves, la Descente de la croix, le Christ, la Madone, la Pietà et le Bacchus de Michel Ange. Parmi les moulages il faut remarquer le monument de Decio par Stags, St-Jean-Baptiste de Majano, la chaire de la cathédrale de Padoue par Pisano, le candélabre à sept branches du Dôme de Milan par Nicolini et le St-Georges de Donatello.

Dans une sorte de vestibule. — La bataille de Constantin, la bataille d'Héradius contre les Perses, copies des Fresques de la cathédrale de Pise et d'un calvaire.

Le musée des copies se compose des reproductions des principaux chefs-d'œuvre de toutes les écoles et principalement de l'école italienne.

Le musée est ouvert le dimanche de 10 h. à 4 h. et en tous temps aux personnes munies de cartes.

MUSÉE DUPUYTREN

(A l'École de Médecine, collections très curieuses)

MUSÉE ETHNOGRAPHIQUE

(Voyez Trocadéro)

MUSÉE GALLIERA

(Destiné aux collections de la duchesse de Galliera) (en construction)

GARDE MEUBLE (Musée du)

Ouvert les dimanches et fêtes du 10 à 4 h. 103, quai d'Orsay. En entrant, les visiteurs inscrivent leur nom sur un registre.

Il renferme les meubles, tapisseries, tentures nécessaires à l'ameublement des Palais nationaux. Tous ces meubles sont authentiques.

MUSÉE DE GÉOLOGIE ET DE MINÉRALOGIE

Installé à l'école des Mines, le musée comprend seize salles du premier étage, on y trouve des collections des minéraux de la France, une collection géologique du bassin de Paris. Les collections géologiques sont classées d'après l'ordre naturel des terrains et sont installées dans les trois premières salles. Plans en relief du Vésuve et de l'Etna. Les trois dernières salles forment un petit musée de minéraux possédant des collections complètes.

MUSÉE DES GOBELINS

(Voyez Manufacture des Gobelins)

MUSÉE GRÉVIN

Boulevard Montmartre, 8. Ainsi appelé parce qu'il fut organisé par le fameux dessinateur de ce nom. La meilleure heure pour le visiter est le soir. Prix d'entrée 2 francs la semaine et 1 franc le dimanche. Les enfants paient demi-place.

MUSÉE GUIMET

Avenue du Trocadéro, coin de la place d'Iéna. En construction, pour recevoir les collections Guimet relatives aux religions orientales.

MUSÉE INDUSTRIEL

(Voyez Conservatoire des Arts-et-Métiers)

MUSÉE INSTRUMENTAL

Au Conservatoire de Musique. Ouvert le lundi et le jeudi de midi à 4 heures. Riches instruments de toutes sortes et de toutes les époques.

MUSÉES DU LOUVRE

(Pour la description du Louvre, voir Palais)

Les musées du Louvre sont les plus beaux et les plus complets du monde entier. Ce fut François Ier qui commença à collectionner les œuvres d'art que nous voyons à présent Louvre. Pendant longtemps les collections restèrent à Fontnebleau et peu y fut ajouté jusqu'à ce que Colbert devint ministre de Louis XIV en 1661. Colbert nomma Lebrun directeur du Louvre et jusqu'à la fin du 17e siècle on acheta des tableaux, beaucoup d'entre eux étaient, il faut dire, destinés aux appartements du roi à Versailles. Les achats continuèrent pendant le 18e siècle et en 1791 l'assemblée Constituante ordonna que le Louvre serait le dépôt général de tous les chefs-d'œuvre de la science et de l'art. En 1793 la collection reçut le nom de Musée National et ensuite Musée Français.

Le plus grand nombre des tableaux ont été ajoutés au commencement de ce siècle, Napoléon Ier en ajouta beaucoup. Une grande partie de la liste civile était convertie en tableaux et quand Napoléon III monta sur le trône il confia les musées à un Ministère d'Etat.

En hiver, du 1er octobre au 31 mars le Louvre est ouvert tous les jours, sauf le lundi savoir : pour les musées de peinture et de sculpture antique de 10 heures à 4 heures.

En été de 9 heures à 5 heures dans la semaine.

Et été comme hiver, les dimanches et fêtes de 10 heures du

matin a 4 heures. Les salles des boîtes sont ouvertes seulement le samedi de 2 à 5 heures.

Tacher d'aller au Louvre le matin, car pendant l'après-midi les salles sont presque toujours encombrées au point que la circulation y est difficile.

On divise les musées du Louvre en trois parties correspondant aux étages :

Au rez-de-chaussée se trouvent les sculptures et gravures, au premier les dessins, les objets d'art du moyen âge et de la Renaissance et surtout les peintures, au second étage le musée de marine, le musée Chinois et une salle supplémentaire qui renferme des dessins.

Voyez surtout les marbres antiques et les peintures. Méfiez-vous des guides-interprètes, ils ne sont nullement officiels comme du reste l'administration le fait connaître.

Il y a des galeries qui ne sont jamais ouvertes avant onze heures du matin, citons la salle des dessins, la galerie supplémentaire de peinture et les musées connus sous les noms de musée de la Colonnade, Musée grec, Musée égyptien, assyrien, Campana, de Sculpture moderne et de la Renaissance.

Il faut suivre dans les Musées du Louvre un itinéraire fixé sans lequel on s'expose à perdre son chemin.

Nous commençons naturellement par le rez-de-chaussée :

Sculptures modernes. — Entrant au Louvre par le pavillon de Sully vous vous dirigez au fond sur la salle de la *Chalcographie.* — On trouve dans cette salle des gravures, des tableaux, des objets d'art. L'entrée est Cour du Louvre. Se diriger alors dans la *Salle de Rude.* — Aux fenêtres, médaillons de David d'Angers et buste d'Arago ; Foyatier ; Spartacus, Pradier, Fils de Niobé, reconstruction de l'antique de Florence.

Dumont : le Génie de la Liberté. Perraud : Le Désespoir des adieux. Rude : le Christ, Jeanne d'Arc, Petit Pécheur.

Salle Chaudet. — Sculptures classiques. — **355** Roman Rude. **338** Cortot : Daphnis et Chloé. **313** Chaudet : Oedipe et le berger Phorbas. **383** Canova : l'Amour et Psyché s'embrassant. **326** Bosio : Aristée. **314** Chaudet : l'Amour avec un papillon.

Salle Houdon. — **310** Delaistre : l'Amour et Psyché, bustes de Voltaire, Mirabeau, Franklin, Diderot, Washington, Rousseau. Bouchardon : l'Amour se faisant un arc avec la massue du grand Hercule. Pajou : Bacchante. 296 statue de Diane faite par Bouchardon.

Salle des Coustou. — 221 à 226 Bas reliefs en bronze d'une ancienne statue érigée à Louis XIV. Pigalle : Mercure. 255 Guillaume Coustou père : la reine Maria Leckziuska. Falconet: la Musique. Tassut : l'Amour.

Salle Cogzevox. — Bustes de Richelieu, Mazarin, Bossuet et Cogzevox. 237 Tombeau de Mazarin.

Salle de Puget. — Buste d'Alexandre le Grand de Guardon. 205 Alexandre et Diogène bas relief en marbre, Hercule au repos. 201 Persée venant au secours de la belle Andromède.

SCULPTURES DE LA RENAISSANCE

Salle Auguier. — Œuvres datant du 17e siècle. Buste de Henri IV et chiens en bronze venant de Fontainebleau, esclaves de bronze par Francheville, le Mercure de Jean de Bologne. Berthelot : la Renommée beau bronze. Simon Guillain : statues en bronze de Louis XIV enfant. François Auguier. 178 à 190 Monument des ducs de Longueville.

Salle de Michel Colombe. — Statue de Louis XII. 37 Ch. de Magny, capitaine du roi. 78, 79 St-Jean et la Nativité de la Ste-Vierge. 84 St-Georges. 48 la Vierge et l'enfant Jésus.

Salle de Michel Ange. — Contenant comme son nom l'indique des sculptures italiennes. Ce qui distingue cette salle est une porte monumentale. Dans les embrasures des fenêtres beaux bronzes, 7 sujets religieux, Neptune, triomphe de l'Amour. Beau groupe de marbre rouge : la Louve donnant à téter à Romulus et Rémus. 35 la Nymphe de Fontainebleau par Beuvenuto Cellini. Différentes vierges et Madones, buste de St-Jean Baptiste et au fond Hercule vainqueur de Jason et de l'Hydre.

Belle vasque du château de Gaillon, porte superbe venant du palais de Crémone. — Une sibylle. — Esclaves de Michel-Ange. — Jason. — (Ecole italienne). — Portrait de Charles-Quint, médaillon en bronze. — Le Christ au tombeau. — Béatrice d'Este

Salle de Jean Goujon. — Jugement de Daniel, par Richer. — René Ciragne chancelier de France, par Germain Pilon.

Jean Goujon : Vénus Marine. — Fameux groupe de Diane à la Biche. — Groupe des trois Grâces. — Monument funéraire du cœur de Henri IV. — Figures en bois de la châsse de Sainte-Geneviève.

Vestibule. — Comte de Moltain : Statue de Pierre d'Evreux. — La Vierge et l'enfant Jésus. — Anne de Bourgogne. — Catherine d'Alençon, femme de Pierre d'Evreux.

MUSÉE DES ANTIQUES

Entrée par le pavillon Denon.

Vestibule. — Statue en bronze représentant la victoire de Brescia.

Galerie Mollien. — A droite, elle contient des statues, bustes.

Galerie Daru. — A gauche, fragments de statues et de sculptures antiques. Deux certaines reproductions de ceux du Capitole, Mercure, l'Hercule commode, le Tireur d'épines, Ariane, Antinoüs, le Faune, la Vénus de Médicis, la Vénus aphrodite et un groupe de l'Apollon du Belvédère et de Diane à la Biche.

Escalier ou vestibule Daru. — Sarcophages, bas-reliefs représentant le combat des Amazones, Naïade couchée, Niobide avec son pédagogue, Tête d'Alcibiade, statues en porphyre, grand nombre de bas-reliefs mythologiques.

Salle de la Rotonde. — Plafond par Manzaisse, représentant la création de l'homme. Au milieu de la salle, se trouve la fameuse statue, l'Achille Borghèse ; à gauche, un athlète et la statue du Dieu secourable. Bustes, statues, bas-reliefs en bronze.

Salle de Mécène. — Plafond par Megnier, fragment d'une statue de Vénus. Tête de Caracalla. Buste de Mécène de proportions gigantesques. Buste de Corbalon, buste du poète Sénèque.

Salle des Saisons. — Plafond par Romanelli et Auguier. Bustes d'Empereurs romains.

Salle de 'a Paix. — Plafond par Romanelli. Statue de Minerve assise sur un rocher en porphyre rouge. Statues d'Empereurs romains.

Salle de Septime Sevère. — Plafond par Romanelli. Bustes d'Empereurs et d'Impératrices depuis Marc Aurèle jusqu'à Caracalla.

Salle des Antonins. — Plafond de Romanelli. Au milieu : Statue de Marc Aurèle et statue assise de Trajan. Tête de Lucille, buste de Marc Aurèle. Bustes de Trajan, d'Adrien, de Marc Aurèle et d'Hérode et buste d'Antonin le Pieux.

Salle d'Auguste. — Plafond de Matout. Buste d'Antinoüs. L'orateur romain, une des plus belles œuvres de l'antiquité Buste colossal de Rome, Romulus et Rémus nourris par la louve. Bustes d'Empereurs romains. Grande statue d'Auguste.

Salle de Phidias. — Plafond de Prudhon, Peintures murales par Garnier et Mérimée. L'embarras est grand pour faire un choix dans cette collection de chefs-d'œuvre, il faut donc nécessairement les citer tous. A droite, morceau de la façade du Panthéon, Centaure enlevant une femme, Minerve assise, Hercule vainqueur du Taureau.

Fragments du temple de Jupiter à Olympie. Statue d'Alexandre le Grand. Procession bachique. Sacrifice à Minerve

2e Fenêtre. — Mercure et Apollon. Sculptures archaïques de Delphes.

Au centre de la salle, statue de Junon. Apollons. Au fond : Marbres de Nointel contenant une liste complète des guerriers athéniens tués contre les Perses. Statue de Cérès voilée. Bas-relief représentant Jupiter, Junon et Hébé.

Corridor de Pan. — Statue de Pan, deux faunes. Combattant blessé. Buste de Démosthène, Hercule et Mercure.

Salle du Tibre. — Au milieu, se trouve un groupe du Tibre, ayant avec lui Romulus et Rémus, Silène avec Bacchus enfant, Poète grec inconnu. Centaure vaincu. Deux faunes jouant de la flûte, groupe attribué à Praxitèle. Bacchus conduisant une procession. Base de candélabres, connue sous le nom d'autel des douze Dieux.

Face 1. — Jupiter, Junon, Neptune, Cérès, — **Face 2.** — Mars, Vénus, Mercure et Vesta. — **Face 3.** — Apollon, Diane, Vulcain et Minerve.

Autel astrologique de gabies ayant aussi les têtes des dieux et des instruments servant à l'étude des astres. Statues du satyre souriant, de Bacchus et d'Esculape.

Salle du Gladiateur. — Jeune satire connu sous le nom de Faune à la tâche. Statue de Vénus Génitrix. Le gladiateur, par le sculpteur Agasias d'Ephèse. Statue de Maisyas attendant le supplice. Statue de Diane de Gabies, Minerve, l'Amour et Psyché, Mercure, l'Amazone blessée.

Salle de la Pallas. — Vénus sortant du bain, d'après la Vénus du Capitole. Au milieu de la salle, belle statue de la Pallas de Velletri. Apollon Sauroctone, l'Homère du Capitole, la Vénus d'Arles, buste d'Alexandre-le-Grand. Ecorcheur rustique.

Bacchus à Silène. Sarcophage d'Actéon et urne en porphyre rouge.

Salle de la Melpomène. — Statue gigantesque de Melpomène d'un seul bloc. Mosaïque exécutée par François Belloni, buste de Vénus aphrodite de Praxitèle.

Salle de la Vénus de Milo. — Au centre se trouve la Vénus de Milo, trouvée comme l'on sait dans l'île de Milo et achetée pour six mille francs par le gouvernement français au paysan qui la trouva.

Salle de la Psyché. — A droite belle statue de la Psyché. Deux sarcophages représentent l'un Endymion et Diane et l'autre Bacchus et Ariane. Atalante, jeune athlète. A l'entrée de la salle suivante : Statues de Vénus et de Vénus aphrodite.

Salle d'Adonis. — Sarcophage à trois faces représentant Adonis allant à la chasse, Adonis blessé par un sanglier et la mort de ce héros.

Salle de l'Hermaphrodite. — Minerve, l'Amour Farnèse et le Satyresque. Dans l'embrasure de la fenêtre, l'Hermaphrodite de Velletri.

Salle de la Médée. — Au centre, statue sans tête de Vénus accroupie. Sarcophage sur lequel sont gravées des scènes relatives à la vengeance de Médée. Les trois Grâces, Scènes de vendangeurs. Silène.

Salle des Cariatides. — Servait d'antichambre aux courtisans de Catherine de Médicis. Henri IV y fut marié avec Marguerite de Valois et après l'assassinat de ce roi son corps y fut exposé. Cette salle doit son nom aux Cariatides que Jean Goujon y plaça, les autres ornements sont aussi exécutés d'après lui. Le vase Borghèse en marbre de Paros. Mercure ou Jason. Au milieu, entre deux piliers : le Jupiter de Versailles et de chaque côté : Posidonis et Démosthène, à droite, et Hercule et Téléphe à gauche. Deux coupes d'albâtre qui offrent une particularité singulière, c'est un écho très clair, quand on parle au-dessus de l'une d'elles la voix est répercutée dans l'autre. A droite le lion de Platée, Bacchus ivre. Hercule jeune. Beaux bustes de femmes. Vénus au bain. L'Hermaphrodite Borghèse. Autre Vénus accroupie. L'Enfant à l'oie. Statue de Jupiter. Chasseur pleurant Adonis. Le Discobale.

L'Escalier Henri II. — Mène aux musées du premier étage. Traversez le passage et jetez un coup d'œil sur deux salles qui quoiqu'à l'entrée du musée des sculptures du moyen-âge n'en font pas partie, ce sont les salles dites : Musée chrétien et salle judaïque, le musée chrétien contient des sarcophages, des inscriptions grecques et latines, tombeaux de saints et beau sarcophage représentant des scènes de la vie du Christ.

La salle Judaïque. — Comprend des inscriptions hébraïques et phéniciennes de toute antiquité et très remarquables, sarcophages des juges d'Israël, ossuaires juifs. Célèbre stèle de Mesa ou inscription phénicienne qui comprend le récit d'une guerre contre Israël.

MUSÉE ÉGYPTIEN

On entre à gauche dans le passage sous la colonnade. Charles X confia la direction de ce musée à Champollion, mais celui qui contribua le plus à l'accroissement des collections fut Mariette-Pacha. Les collections sont les plus complètes de l'Europe.

Salle Henri IV. — C'est dans cette salle que se trouvent les pièces énormes qui nous remplissent d'admiration en nous montrant à quel degré de perfectionnement les sculpteurs égyptiens étaient arrivés.

Citons les pièces les plus remarquables: à chaque entrée de la salle, grands sphinx en granit rose.

No 29. — Naos d'Amasis ou sorte de catafalque d'une seule pièce en granit rose. — 167 et 168. Stèles de la XIVe dynastie. — D 10. Sarcophage d'Horus. — D 1. Sarcophage de Ramsès III. — A 2. Seckhet, divinité égyptienne à tête de lionne. D 31. Partie de l'obélisque de Louqsor. — A 24. Statue de Séti II avec emblèmes du pouvoir. — A 20. Statue de Ramsès II. — D 8. Sarcophage du roi Psammetik Ier. — D 9. Sarcophage Taho. — A 18. Pied d'une statue colossale d'Aménophis. — A 19. Tête de la même statue. Porte antique de Sérapéum. — Stèles de Hockhem. — Stèles d'Aménophis, d'Ahmès, de Thoutmès. — C 100. Stèle de Mauritivis.

Salle d'Apis. — Sous ce nom on comprend plusieurs salles, la première consacrée aux hiéroglyphes, la seconde aux inscriptions sur les tombeaux et aux stèles.

La grande curiosité de la salle d'Apis est le bœuf Apis. Le Serapéum ou tombeau dans lequel cette divinité était ensevelie est couvert de stèles aussi anciennes qu'Aménophis III (18e dynastie). — Statue de Bès. — Sphynx provenant du lieu où on enterrait le bœuf Apis.

Entre la première salle Apis et la seconde est la fameuse

porte couverte d'hiéroglyphes. — Stèles de Scheskouk III, de Ramsès II, de Diodoris, de Tahraka, de Psammetik, Apriès, de Cambyse, des Ptolémées, d'Osorkou. — Sarcophages de bois peints et couverts d'inscriptions. L'escalier est garni et tapissé de papyrus qui sont exposés avec leurs traductions. Papyrus grecs et romains.

En haut de l'escalier beaux sarcophages, statue de Sésostris.

Salle des Colonnes. — Vases de prix, momies, sarcophages, manuscrits. Dans les vitrines petites armes et autres articles de bronze, miroirs, instruments de toilette etc. — **A 90.** Statue du Nesahor. Le papyrus passe pour dater de trentesiècles.

Le plafond de cette salle a été peint par Gros.

Salle des Dieux. — Le plafond par Picot représente l'Egypte dévoilée à la Grèce. Cette salle ne comprend que des objets relatifs au culte des Egyptiens. Sur la cheminée : Ammon, Osiris, Isis. — Au centre, statue de bronze représentant Horus, Osiris et Isis mère. Dans la vitrine, Scarabées et objets d'art dont se servaient les prêtres d'Isis.

Salle funéraire. — Plafond par Abel de Pujol, représentant l'Egypte sauvée par Joseph. Comme son nom l'indique, cette salle est consacrée aux objets relatifs au culte des morts. Cercueils, cénotaphes, sarcophages et nombreuses inscriptions funéraires. Tableau représentant le dieu Anubis. Chaise de bois incrustée de nacre. Dans la vitrine, précieuse collection de figurines et de coffrets.

Salle Civile. — Le plafond, d'Horace Vernet, représente Bramante, Michel-Ange et Raphaël recevant les ordres de Jules II. La salle civile est consacrée aux monuments de la vie privée.

Armoires et vitrines. — Modèle de barque égyptienne, boîtes à jeux, tissus, fruits, grains, vases, tabourets, nattes et statuettes sparterie, instruments de culture et écritoires (du plus haut intérêt.) Au milieu de la salle, se trouve un Scribe peint, de la cinquième dynastie et aussi la statue de Mesou, en bronze. Dans la vitrine centrale : émaux, bijoux et figurines sculptées.

Salle Historique. — Plafond par Gros, représentant le génie de la France. Au centre de la salle, grande statue de Psammetik II. Dans une vitrine près de la première fenêtre : scarabées, bijoux, papyrus et amulettes. Dans l'armoire à gauche de la cheminée : Osiris, Isis et Horus, groupe en or massif. Bas-relief du roi de Menkahor. Portrait d'Aménophis IV. Portrait de Ramsès assis. Xepas ou symboles de l'immortalité.

MUSÉE ASSYRIEN

L'entrée de ce musée se trouve dans le passage de la Colonnade en face de celle du musée Egyptien. Ce musée comprend des collections de sculptures apyriennes, découvertes dans le voisinage de Ninive.

GALERIE ASSYRIENNE

Sculptures qui proviennent d'un palais construit par Sennachérib et qu'on désigne sous le nom de Khorsabad. Colossal taureau ailé et à tête d'homme. Les inscriptions cunéiformes prises aux palais de Sardanapale, de Nemrod et de Jéhu, sont dignes d'attention ainsi que les sceaux gravés sur agate.

Bas-relief réprésentant une chasse aux lions, le roi dans son char et une procession de dieux ailés. Au milieu: Statues chaldéennes. Grands bas-reliefs venant du palais de Venise.

Salle du sarcophage d'Esmunozar. — Bas-reliefs grecs, vase découvert à Pergame et grand vase d'albâtre qui a deux mètres de circonférence. Beaux sarcophages du Tyr et de Sidon en marbre noir, le plus remarquable est sans contredit le sarcophage d'Esmunozar.

Dans les vitrines: Collection d'objets phéniciens, colliers, bijoux, objets d'ivoire et de bois et instruments de musique. Beau lion de bronze.

Vestibule. — Sarcophages phéniciens, moulages en plâtre, inscriptions et papyrus.

Escalier. — Mêmes curiosités que dans le vestibule. Premier étage: Bas-reliefs et moulages, papyrus assyriens.

Salle Phénicienne. — Sarcophages de Ninive, fameux vase d'Amathonte, ce vase a un diamètre de 3 m. 70 et une circonférence de dix mètres. Il est taillé dans un seul bloc de pierre inscriptions phéniciennes, stèles de Biblos.

Salle de Milet. — Spécimens de sculpture grecque du Parthénon de Délos, etc. Statues tronquées et mutilées, chapiteaux de colonnes. Sculptures grecques et assyriennes.

Salle de Magnésie. — Bas-reliefs provenant du temple d'Artémis Leucophryné de Magnésie. Nombreux fragments prove nant des ruines de ce temple. Combats entre grecs et amazones. Remarquer aussi le vase de Pergame.

MUSÉES DE PEINTURE

Musée Lacaze. — Cette magnifique collection a été léguée au Louvre par M. Louis Lacaze. — Watteau, Jupiter et Antiope. — Terburg, la Leçon de lecture. — Fragonard, la Cheminée enlevée. — 183. Chardin, le Panier de raisins. — 221. Largillière, Portrait d'un magistrat. — Gérard Dow, Tête de vieillard. — David Téniers, les Joueurs de boule. — 206. Greuze, Tête de jeune fille. — 61. Frÿl, Gibier et engins de chasse. — 10. Giordano, Mort de Sénèque. — 50. Philippe de Champagne, le Prévôt et les échevins. — Lancret, Jeunes mariés. — 227. Lenain, Repas champêtre. — 75. Jordaens, Repas mythologique. — 97. Rembrandt, Baigneuse. — 193. Fragonard, l'Heure du berger. — 128. David Téniers, Fête de village. — Lancret, la Cage. — 47. Watteau, le Faux pas. — Van Ostade, Toit à pourceaux. — Fragonard, le Sommeil d'une bacchante. — 260. Watteau, Gilles. — 66. François Hals, Portrait de femme. — 133. David Téniers, le Quêteur. — 48. Bruegel, le Pont de Talavera. — Rigaut, Portrait de Créqui. — 43. Adrien Brauwer, Homme taillant sa plume. — Hubert Robert, Portraits de dessinateurs. — Téniers, le Ramoneur. — 130. Téniers, Tentation de Saint-Antoine. — 224. Largillière, sa femme et sa fille. — 124. Téniers, Kermesse flamande. — 213. Lancret, le Gascon puni. — 260. Bassano, Adoration des Mages. — 290. Nattier, Mademoiselle de Lambesc et le comte de Brionne. — 9. Fragonard, les Baigneuses. — 91. Van Ostade, Paysage. — 131. Téniers, le Fumeur. — 16. Le Tintoret, Suzanne au bain. — 129. Téniers, Intérieur de Tabagie. — 155. Ecole hollandaise, Portrait de vieille femme. — Adam Van de Velde, Paysage et animaux.

En revenant vers la porte toujours de droite à gauche, on remarque : 67. Heemskeck, Intérieur. — 122. J. Steen, Repas de famille. — 32. Ribera, le Pied bot. — 83. Adrien Van Ostade, le Liseur. — Van Mol, Tête de jeune homme. — Adam Pynacker, Paysage de montagnes. — Velasquez, Portrait de jeune femme. — 85. Watteau, la Furette.

125. Téniers le jeune, le Duo. — 96. Rembrandt, Femme au bain. — 132. Téniers le jeune, le Joueur de guitare. — 84. — Adrien Van Ostade, la Lecture de la Gazette. — 37. Vélasquez, l'Infante Marie-Thérèse plus tard femme de Louis XIV.

— 109. Watteau, l'Indifférent. — Fragonard, l'Orage. — Van der Poel, une Femme. — Claude Lorrain, Paysage. — 100. Rubens, Marie de Médicis. — 98. Rembrandt, Portrait d'homme. — 264. Watteau, l'Escamoteur. — 111. Ecole de Rubens, Femme jouant de la mandoline. — 263. Watteau, Assemblée dans un parc. — 17. Le Tintoret, la Vierge, l'Enfant-Jésus et les Saints. — 108. Sébastien Bourdon, scène d'intérieur. — 50. Murillo, Portrait de Quérédo. — Adr. Van Ostade, Intérieur de cabaret. — 65. François Hals, la Bohémienne. — 74. Carl Dujardin, Paysage. — 154. Zorg, Intérieur d'estaminet. — J. Pater, Conversation dans un parc. — 10. Boucher, Atelier de peintre. — 211. Rigaut, Portrait de P. de Bérulle. — 80. Drolling, femme à une fenêtre. — Gallet, le Triomphe de Flore. — 37. David Téniers, l'Hiver et l'Eté. — 44. Adrien Brauwer, le Fumeur. — 55. Van Dyck, esquisse. — Boucher, Vénus et Vulcain. — 149. Greuze, son Portrait. — Le Moyne, Hercule et Omphale — 151. Greuze, Fabre d'Eglantine.

Salle de Henri II. — Cette salle a un plafond de Blondel qui représente une dispute de Minerve et de Neptune, toiles de Prud'hon, Boucher, Coypel, Van Loo, etc. — 863. Van Loo, a Sultane commande des ouvrages à ses odalisques. — 613. Joseph Vernet, le matin. — 671. Van Da l, Tombeau de Julie. — 47. Bourdon, Portrait de Descartes. — 829. Napoléon Ier et François II après la bataille d'Austerlitz. — 615. Joseph Vernet, le Torrent. — 746. Coypel, Noces d'Angélique et Médor. — 617. Joseph Vernet, le Retour de la pêche. — 716. Boucher, Amours tirant à la cible. — 774. Gérard, Portrait de Charles X. — 112. J. Van Dael, Fleurs et fruits. — 353. Mignard, St-Luc peignant la Vierge.

Salle des Sept Cheminées. — Cette salle renferme les meilleurs tableaux de l'Ecole française du XIXe siècle, nous allons en énumérer quelques-unes :

149. David, l'Enlèvement des Sabines. — 148. David, Léonidas aux Thermopyles. — 250. Girodet-Triossoir, Scène du Déluge. — 251. du même, le Sommeil d'Endymion. — 614. Madame Lescot, son portrait. — Géricault : Chevaux. — 620. Gérard, la Victoire et la Renommée. — 540. Léopold Robert, paysanne romaine. — 541. Gérard, l'Histoire et la poésie. — 545. J. Mauzaisse, portrait de sa mère. — 275. Gros, Napoléon visitant le champ de bataille d'Eylau. — 277. Guérin, Retour de Marcus Sextus. — David, série de portraits. — Prud'hon, portrait de Mme Jarre. — Géricault, Un carabinier. — 243. Géricault, officier de chasseurs à cheval. — 149. David, portrait de Pie VII. — 810. Regnault, Education

d'Achille, par le centaure Chiron. — **243**. Gericault, le radeau de la Méduse. — **802** Madame Lebrun, son portrait et celui de sa fille. — **795**. Ingres, portrait de Bochet. — **802**. Portrait de Mme Molé-Raymond. — **279**. Guérin, Phèdre et Hyppolite. — **236**. Gérard, Psyché recevant le premier baiser de l'amour. — **274**. Gros, Bonaparte visitant les pestiférés de Jaffa. — **458**. Prud'hon, l'Assomption de la Vierge. — **240**. Gérard, portrait d'Isabey.

Le plafond de cette salle est orné de voussures à médaillons, par Duret.

Salle des Bijoux. — Collection de bijoux antiques très précieux, ils sont presque tous étrusques, romains ou grecs : Le plafond peint par Mauzaisse, représente le Temps les ruines qu'il amène et les trésors qu'il laisse découvrir.

La vitrine près de la fenêtre contient des bracelets, des pendants d'oreille et des fibules, celle du côté de la Seine, renferme des colliers de pierre, des ornements de bronze émaillés d'or, des scarabées et des camées superbes.

La Vitrine du mur renferme une Cerès et un Hercule et deux masques de femme, bagues et pendants d'oreille étrusques et romains.

La Vitrine du milieu, contient douze couronnes d'or, des bracelets, des épingles à cheveux en or et des fibules, colliers et amulettes. Tête de Bacchus avec des cornes de taureau, casque étrusque surmonté d'une couronne d'or, colliers en or et argent, carquois, casque en fer doré, diadème considéré comme un véritable chef-d'œuvre d'orfèvrerie.

Vestibule ou Salle ronde. — Magnifique mosaïque moderne par Belloni au milieu de laquelle se voit un vase en marbre blanc, copie faite par Ruggi d'après un vase antique,

Cette salle a un plafond en coupole qui représente : 1° Le Soleil et Scaro; 2° Eole lançant les vents contre la flotte Troyenne 3° le Combat d'Hercule et d'Antée, Achille sur le point de se voir englouti, Vénus recevant de Vulcain les armes qu'elle destine à Enée, les fresques sont de Blondel, Couder et Manzaisse.

Galerie d'Apollon. — Une splendide porte en fer forgé donne accès dans la gallerie d'Apollon ; c'est le grand tableau de Delacroix représentant Apollon vainqueur du serpent python qui a fait donner le nom à cette salle sans contredit la plus belle du Louvre. Cette galerie commencée sous Henri IV fut restaurée sous Louis XIV après avoir été détruite par un incendie. Le grand roi confia cette restauration à Lebrun. Allant au fond de la salle pour revenir ensuite voir les vitrines nous voyons au-dessus de la dernière fenêtre un des chefs-d'œuvre de Lebrun représentant Neptune et Amphitrite, puis l'Aurore d'après Lebrun, Castor ou l'Étoile du matin, de Renou, le Crépuscule et le Soir de Lebrun. La voûte est divisée en cinq compartiments qui retracent la marche du jour, sous les côtés les saisons et les mois. Près de l'entrée peinture faite par Guichard d'après Lebrun : l'Hiver, Lagrenée. l'Été, Durameau; le Printemps, Callera et l'Automne, Taraval.

Depuis quelques années on a progressivement placé entre les portes dorées vis-à-vis des fenêtres des tapisseries des Gobelins, avec les portraits des artistes qui ont travaillé au Louvre. Au milieu de la salle sont les vitrines .et les belles tables style Louis XIV, au-dessus de trois de ces tables sont des vitrines remplies d'objets précieux dont nous donnerons ci-après la description. La dernière table Louis XIV aussi est recouverte d'une carte de France en mosaïque datant de 1686, c'est dans la gallerie d'Apollon que sont les joyaux et diamants de la couronne et aussi des émaux qui n'ont pas de pareils.

Première table. — Châsse de St-Pothentin.

Première vitrine. — Vase de Suger, Reliquaire du bras de Charlemagne, aiguière et Reliquaire de St-Henri, drageoir en cristal de Roche, coffret en jaspe vert veiné de rouge, vase d'Eléonore d'Aquitaine, cassette de St-Louis.

Deuxième vitrine. — Vases de cristal de roche, vase en jaspe. drageoirs en cristal de roche, vase en jaspe et autre vase de lapis monté par Benvenuto Cellini.

Troisième vitrine. — Autres ouvrages en cristal de roche. Centaure enlevant une femme, fac-similé des couronnes de Charlemagne et de Louis XV, Cassolette d'agate, coupe de Sardoine, coupe d'onyx, cassolette d'agate, statuette de femme, cassette d'Anne d'Autriche, urnes de basalte ayant appartenu à Mazarin, coupes enrichies d'émeraudes et de perles.

Quatrième vitrine. — Beaux boucliers ; remarquer celui de Henri II et celui de Charles IX, Main de Justice des Capétiens. Fermail du manteau de St-Louis. Eperons et épée de Charlemagne.

Cinquième vitrine. — Armure démontée de Henri II. Dans les vitrines placées dans les embrasures des fenêtres remarquer de beaux émaux datant du XVI° siècle, représentant de nombreux sujets. Les plus remarquables sont : Henri II à cheval, de Limonsin; François de Guise, aussi par lui, Siège de Paris par les Normands. Il y a aussi en face des fenêtres sous les tapisseries des Gobelins des armoires remplies d'émaux de grande valeur.

Salon Carré. — C'est dans le salon carré que se trouvent les chefs-d'œuvre les plus remarquables qui soient au Louvre. Commençant par la droite. Spada. Le Concert — 30. Andréa-del-Sarte la Sainte Famille. — 42. Le Perugin. La Vierge et l'Enfant Jésus avec Ste-Rose, Ste-Catherine et des Anges — 59. Bellini, portraits d'hommes. — 100. Paul Veronèse, Jupiter foudroyant les Crimes. — 432. Le Titien, Mise au tombeau. — 536. Rembrandt, le Ménage du menuisier. 107. Caravage, Concert. — 20. Le Corrége, Jupiter et Antiope. — 370. A Van Ostade, le Pedagogne. — 380. Raphaël, Marsyas et Apol-ion. — 381. Johan de Paris, la Vierge et l'Enfant.

Passez alors dans la *salle Duchatel* que vous visiterez avant de revenir au salon carré. Elle renferme cinq tableaux que la comtesse Duchatel légua au Louvre. — 683. Moro, Volets d'une triptyque. — 196. Ingres, Œdipe expliquant l'énigme du Sphinx — 236 à 239. Bernard Luini, Nativité de Jésus-Christ et l'Adoration des Mages. Rentrant alors dans le Salon Carré. — 419. Rembrandt, portrait de femme. — 89. Philippe de Champagne, son portrait. — 526. Terburg, le galant militaire. — 229. Lebastiano del Piombo, Visitation de la Vierge. — 293. Metsu, Militaire recevant une jeune filles. — 96. Paul Veronèse, Repas chez Simon le Pharisien. — 539. Murillo, Conception de la Vierge. — 87. Bronzino, portrait d'un sculp-teur. — Titien, toilette de femme. — 363. Raphaël, la Vierge au Voile. — 202. Ghirlaudajo, la Visitation. — 462. Leonard de Vinci, portrait de Mouna Lisa. — 543 Murillo, Ste-Famille. — 120. A. Carrache, la Vierge apparaissant à St-Luc et à Ste-Catherine. — 162. Jean Van Eycke, la Vierge au dona-teur. — 369. Raphaël, St-Georges et le Dragon. — 364. Ra-phaël, la Grande Ste-Famille. — 123. Raphaël, le Christ mort sur les genoux de la Vierge. — 368. Raphaël St-Michel. — 87. Philippe de Champagne, Cardinal de Richelieu. — 362. Raphaël, la Belle Jardinière ou la Vierge avec l'Enfant-Jésus et St-Jean. — 394. André Solario, la Vierge allaitant. 79. Philippe de Champagne, le Christ mort. — 301. Jou-venet, Descente de Croix. — 302. Claude Lorrain, Paysage. — 303. Rigault, Portrait en pied de Bossuet. — 288. Mem-ling, Ste-Madeleine et St-Jean-Baptiste. — 208. Holbein le jeune, Erasme de Rotterdam. — 459. Léonard de Vinci, St-Anne, la Vierge et l'Enfant-Jésus. — 87. Antoine, le Con-dottière. — 380. Andréa del Sarte, Ste-Famille. — 328. Le-sucur, Ste-Scholastique apparaissant à St-Benoît. — 40. Guerchin, les Saints protecteurs de Modène. — 340. Poussin, le ravissement de St-Paul. — 93. Paul Véronèse, les Noces de

Cana (cette splendide toile est la plus grande qui soit au Louvre. — **19.** Le Corrége, Mariage mystique de Ste-Catherine. — **39.** Giorgione, Concert champêtre. — **140.** Le Bassan, Sépulture du Christ. — **142.** Van Dyck, Portrait de Charles Ier, roi d'Angleterre. — **335.** Le Tintoret, Vierge au bain. — **260.** Simon de Martino, Jésus marchant au Calvaire. — **370.** Raphaël, St-Michel terrassant le Dragon. — **371.** Guercbin, Résurrection de Lazare par le Christ. — **806.** Francia, la Nativité. — Memling, la Vierge, l'Enfant-Jésus et les Saintes. — **211.** Holbein, Portrait d'Anne de Clèves

Salon des sept mètres. — Au-dessus de la porte, fresque de (Ecole de Raphaël) représentant Dieu le Père et ses Anges. Tableaux de l'Ecole Italienne à gauche. — **70.** Bianchi, St-Benoît adorant la Vierge et l'enfant. — **390.** Signorelli, Adoration des Mages. — **201.** Ghirlandajo, Christ marchant au supplice. — **187.** Mantegna le Parnasse. — **197** Bellini, réception d'un Ambassadeur à Constantinople. — **307** Francia, le Christ en croix avec la Vierge et Saint-Jean. — **429.** Le Pérugin, combat de l'Amour et de la Chasteté. — **152.** Cima de Conegliano, la Vierge et l'Enfant avec St-Jean et Ste-Madeleine.

489 Piero di Cosimo, le Couronnement de la Vierge. — **259.** Marco d'Oggiono, Sainte Famille. — **391.** Signorelli, Personnages debout. — **221.** Lippi, la Vierge et l'Enfant avec des anges des Saints. — **396.** A Solario, Jésus en Croix. — **354** Sacchi, les quatre docteurs de l'Église. — **84.** Borgognono, la Présentation. — **182.** Fra Angelico, le Couronnement de la Vierge. — **183.** Ghirlandajo, un Florentin et son enfant. — **243.** R. Mainardi, la Vierge et l'Enfant benissant le petit Saint Jean. — **664.** B. Montagna, concert exécuté par trois enfants. — **192.** Giotto, St-Paul préchant l'Évangile. — **275.** Palmezzano, le Christ mort. — **85.** Le Borgognono, Femme agenouillée devant St-Pierre de Vérone. — **78.** Moretto, quatre Saints. — **427.** Le Pérugin, Sainte Famille. — **250.** Mantegna, le Calvaire. — **61.** Bellini, la Vierge, l'Enfant et les Saints. — **251.** Mantegna, la Vierge de la Victoire. — **113.** Carpaccio, Prédication de St-Etienne. — **253.** Mantegna, la Sagesse l'emportant sur les vices. — **252.** André Mantegna, le Parnasse. — **498.** Ecole Bolonaise, le jugement de Paris. — **249.** Manni, Sainte Famille. — Benozzo Gozzoli, triomphe de St-Thomas d'Aquin.

Grande Galerie

La grande galerie qui date de Charles IX fut décorée par Nicolas Poussin. Cette galerie qui doit encore être prolongée comprend les Chefs-d'œuvre des Ecoles Italiennes, Espagnoles, Allemandes, Flamandes et Hollandaises. Elle est divisée en travées.

Première Travée

Ecole Italienne. — **412**. Le Garofalo, la Circoncision. — **416**. Le Garofalo, la Vierge et l'Enfant. — **397**. Andréa Solari, Tête de St-Jean. — **227**. Léonard de Vinci, la Cène. — **448**. Titien, une Séance du Concile de Trente. — **379**. Andréa del Sarto, la Charité. — **293**. Jules Romain, triomphe de Titus et de Vespasien. — **414**. Garofalo, Sainte Famille. — **294**. Jules Romain, Nuicain. — **378**. Raphaël, la Madone de Lorette (Ce n'est qu'une Copie car on n'a pu retrouver l'original perdu depuis longtemps). — **228**. Sotto, St-Jérome dans le désert. — **336**. Tintoret, le Paradis. — **442**. Le Titien, la Ste-Famille. — **463**. Léonard de Vinci, Bacchus. — **373**. Jules Romain, portrait de Jeanne d'Aragon. — **93**. Paul Véronèse, Sainte Famille. — **458**. Léonard de Vinci, St-Jean-Baptiste. — **367**. Raphaël, Ste-Marguerite. — **101**. Paul Véronèse, Jeune Mère. — **230**. Luini, Ste-Famille. — **450**. le Titien, François 1er. — **73**. Bonifazio, résurrection de St-Lazare. — **336**. Raphaël, St-Jean-Baptiste dans le désert — **467**. Georges Vasovi, l'Annonciation. — **456**. Le Titien, portrait d'Homme. — **98**. Paul Véronèse, le Calvaire. — **99**. Paul Véronèse, incendie de Sodome. — **91**. Paul Véronèse, Suzanne au bain. — **309**. Bagnacavello, la Circoncision. — **74**. Bonifazio, Sainte Famille. — **374**. Raphaël, portraits d'hommes appelés à tort Raphaël et son maître d'escrime. — **415**. Ecole Léonard de Vinci, la Vierge aux balances. — **177** Gaudenzio Ferrarari, St-Paul. — **454**. le Titien, l'homme au gant. — **453**. Le Titien. — Portrait d'Homme. **57**. Fra Bartolomeo, la Vierge sur un Trône et des Saints. — **228**. Le Lotto, Sainte Famille. — **443**. Le Titien, les disciples d'Emmaüs. — **291**. Jules Romain, Nativité. — **75**. Bonifazio la Vierge Ste-Agnès et Ste-Catherine. — **441**. Le Titien, Sainte — Famille. **445**. Le Titien, Le Christ couronné d'épines. — **391**. Raphaël, portrait de B. Castiglione. — **56** Fra Bartolomeo, l'Annonciation. — **372**. Raphaël, portrait d'un jeune homme. — **97**. Paul Véronèse, le Christ tombant sous le fardeau de la Croix. — **461**. — Léonard de Vinci, Portrait de la Belle Ferronnière. — **92**. Paul Véronèse, évanouissement d'Esther. — **455**. Le Titien portrait d'homme. — **333**. D. de Voltaire, David vainqueur de Goliath.

Deuxième Travée

Ecole Italienne et Espagnole. — 86 Anselmi, vierge glorieuse avec Saint-Etienne et Saint-Jean-Baptiste — 112. Le Cigoli, Saint François-d'Assise, — 316. Guido Reni, le Christ remettant les clefs du ciel à Saint-Pierre. — 64. P. de Cordoue, la Nativité de la Vierge, — 236. Moratta, portrait de Marie Madeleine Rospigliosi — 24. Le Caravage, mort de la Vierge. — 61. Giovanni Bellini. Sainte famille. — 318. Guido Reni. Ecce Homo' — Le Canaletto, grand canal de Venise avec l'église de la Salute. — 283. Panini, Intérieur de Saint-Pierre-de-Rome, — 344. Salvator Rosa, une bataille — 234. Moratto, Sommeil de l'Enfant-Jésus 474. Le Dominiquin, Sainte-Cécile — 345. Salvator Rosa, paysage des Abruzzes — 349. Ribéra, le Christ au tombeau, — 352. Vélasquez, Philippe IV d'Espagne — 354. Vélasquez, Treize portraits de la famille de Philippe IV — 350. Ribéra Saint-Paul-Ermite, 340. Murillo, la naissance de a Vierge. — 132. Le Carrache, Diane et Calliste — 67. Pierre de Cortone, Romulus et Rémus — 180. A. Carrache, Saint-Sébastien — 312. Guido Reni, purification de la Vierge — 18. l'Albani, Diane et Actéon, — 321. Guido Reni, Saint-Sébastien. — 130. Césa Diane et Acthéon. — 180. Dom Féti, la Mélancolie — 350. Sassoferrato, l'Assomption — 327. Guido Reni, Enlèvement d'Hélène — l'Albane les amours désarmés — 284. Panini, Concert sur la place Navone, — 400. Le Spada, Martyre de Saint-Christophe.

Troisième Travée

Ecole Espagnole. — 344. Murillo, le Christ au Jardin des Oliviers — 333. Velasquez, portrait d'un prêtre de Tolède — 347. — Murillo, le Jeune mendiant — 338. Murillo, l'Immaculée Conception — 342. Murillo, la Vierge au Chapelet. — 337. Morales le Christ portant la Croix.

Quatrième Travée

Ecoles Allemande, Flamande et Hollandaise. — 598. Ecole Flamande du XVe siècle. Les noces de Cana — 212. Holbein, portrait de Richard Southwell — 699. Ecole de Memling, La Résurection, l'Ascension et Saint-Sébastien — 424. Rottenhammer, la Mort d'Adonis — 186. Van Dick. La Vierge et l'enfant avec David, Saint-Jean-Baptiste et Sainte-Madeleine, — 60. J. Brueghel, la Bataille d'Arbères — 414. Rembrandt, son portrait, 434 Destinée de la Marie de Médicis — 436. l'Education de la princesse dirigée par Apollon et Minerve — 437. l'Amour présentant à Henri IV le portrait de la princesse — 438. Le Mariage par procuration — 439. Le débarquement de la princesse à Marseille — 440. Le Mariage à Lyon, Henri IV en Jupiter, Marie de Médicis en Junon et la Ville de Lyon sur un Char — 441. Naissance de Louis XIII la santé tient dans ses bras l'héritier du trône. — 442. Henri IV partant pour la guerre d'Allemagne confie la Régence de son royaume à la Reine — 443. La Reine Couronnée à Saint-Denis par le Cardinal de Joyeuse — 444. l'Apothéose de Henri IV — 446. Voyage de la Reine — 448. les félicités de la Régence, la reine sur le trône avec les balances de la Justice, à droite Minerve, la Fortune et l'Abondance, à gauche la France et le Temps, à ses pieds l'Envie, la Haine et la Méchanceté — 449. La majorité de Louis XIII, la Reine remet à son fils la Conduite du vaisseau de l'Etat qui est dirigé par les Vertus.

— 450. La reine s'échappant du Château de Blois. — 451. La réconciliation de la Reine avec Louis XIII — 452. la paix — 454. le triomphe de la Vérité, le roi remettant une Couronne à sa mère.

— 489. Ecole Flamande du XVe Siècle, Instruction pastorale — 895. Ecole Flamande du XVe Siècle, l'Annonciation — 277. Mabuse, Portrait, — 601. Ecole Flamande du XVIe Siècle, Tableau à trois compartiments représentant la Cène, les apprêts de la Sépulture, et Saint-François recevant les stimates — 897. Ecole Allemande du XVIe Siècle, Adoration des Mages — 209. Holbein portrait d'homme — 698. Roger Van Der Weyden, Descente de Croix — 210. Holbein Thomas Mora chancelier d'Angleterre — 98 Lucas Cronach, Vénus dans un paysage — 249. Carl Dujardin, paysage — 485. Rubens, portrait de François de Médicis — 151. Antoine Van Dyck, portrait du duc de Richemont — 184. Jean Van Gaegen ,Bords d'une Rivière — 492. Fr. Snydes, Chasse aux Sangliers, 5. L. Backhuisen, Escadre Hollandaise — 231. Jordaens, Jésus Chassant les Vendeurs du Temple — 320. David Téniers, Chasse au Héron — 834. Van Der Meer, Canal au coucher du soleil. — 415. Rembandt, son portrait dans sa vieillesse. — 516. Téniers, cabaret près d'une rivière. — 86. Philippe de Champagne, Louis XIII couronné par la Victoire. — 457. Rubens, Marie de Médicis. Ensuite à droite mais après avoir passé la porte des salles Françaises : 124. Gérard Dow, le trompette. — 245. Dujardin, animaux au paturage. — 129. Gérard Dow, lecture de la bible. — 521. Téniers, le fumeur. — 301. Van der Meulen, entrée de Louis XIV et de Marie Thérèse à Douai en 1667. — 474 J. Van Ruysdael, petit paysage. — 693. Ryckaert, intérieur d'artiste. — 143. A. Van Dyck, les enfants de Charles Ier roi d'Angleterre. — 135. J. le Ducq, les maraudeurs. — **486**. P. Slingeland, la famille. — **374**. Adrien Van Ostade, le fumeur. — **308**. Van der Meulen, le passage du Rhin en 1072. — **407**. Rembrandt, pelerins, — **521**. Téniers, intérieur de cabaret. — **425**. Rubens. La fuite de Loth. — **417**. Rembrandt, son portrait. — **309**. Van Ostade lui même, son fils, son frère et sa belle sœur. — **369**. Parbus portrait de Henri IV. — **461**. Rubens, portrait de Madame Boonen. — **19**. Nicolas Berghem, le Gui. — **224**. Pierre de Hoogh. intérieur Hollandais. — **536**. Adrien Van de Velde, le prince d'Orange à Schéveningue. — **125**. Gérard Dow, cuisinière Hollandaise. — **123**. Gérard Dow, l'épicerie du village. — **542**. Van de Velde, Marine. — **567**. P. Wouermann, départ pour la chasse. — **172** Govaert Flinck, portrait de petite fille. — **472**. Jacques Van Ruysdaël, le buisson. — **776**. Van Ostade, halte de voyageurs a la porte d'une hôtellerie. — **317**. Van der Meulen, bataille. — **404**. Rembrandt, l'ange Raphaël quittant Tobie. — **513**. Téniers, St-Pierre reniant le Christ. — **113**. Decker. paysage. — **514**. Téniers, la tentation de St Antoine. — **47**. Adrien Brauwer, intérieur de Talagie. — **147**. Ant. Van Dyck, portrait de François de Moncade. — **152**. Van Dyck, son portrait. — **344**. Moucheron, le départ pour l chasse. — **324**. Van Miévès, le thé. — **528**. Terburg, le c cert. — **192**. David de Hoin, fruits et vaisselle sur une tabl **223**. P. de Hoogh, intérieur d'une maison hollandaise.

CINQUIÈME TRAVÉE

Saül entrant à Jérusalem. David et Bethsabée. Nathan devand David.

SIXIÈME TRAVÉE

Ecole flamande et hollandaise. — **292**. Metsa, le marché aux perles d'Amsterdam. — **554** L. Wenix, Gibier. — **674**. Hobbeina, le moulin à eau. — **374**. Van der Meulen, Louis XIV à la chasse et vue de Fontainebleau. — **493**. Suyders, les marchands de poisson. — **470**. Ruisdaël, la forêt. — **106**. A. Cuyp, la promenade. — **256**. Jordaens, le concert après le repas. — **426**. Rubens, Elie dans le désert, — **104**. A. Cuyp, paysage, vaches au paturage. — **427**. Rubens, l'adoration des mages. — **804**. Van der Meulen, entrée de Louis XIV et de Marie Thérèse à Arras. — **467**. Rubens, Diogène avec sa lanterne. — **872**. Van Ostade. intérieur de chaumière. — **541**. Vandevelde, canal glacé. — **428**. Rubens, la Vierge aux anges. — **145**.

Van Dyck, portrait d'Elisabeth d'Autriche. —400. Paul Potter, la prairie. — 515. Teniers, kermesse. — 490. Snyders,
entrée des animaux dans l'arche. — 416. Rembrandt, tête de
vieillard. — 527. Terburg, la leçon de musique. — 413. Rembrandt, son portrait. — 18. Berghem, paysage. — 103. A.
Crayer, Ferdinand d'Autriche. — 371. Adrien Van Ostade, le
marché aux poissons.— 141. Van Dyck, Renaud et Armide. —
555. J. Weenix, les produits de la chasse. — 411. Rembrandt,
Vénus et l'amour. — 432. Rubens, triomphe de la religion.—
193. David de Hein, fruits. — 406. Rembrandt, St-Mathieu.—
257. Jordaens, portrait de l'amiral Hollandais Ruyter. —
168. Fietoor, Isaac bénissant Jacob. — 297. Metsu, cuisinière hollandaise. — 146. A Van Dyck, portrait du marquis
d'Aglona. — 27. Berghem, paysage. — 150. Van Dyck, portrait de Richardot, magistrat hollandais.

SEPTIÈME TRAVÉE

Cette travée ne contient pas de tableaux mais seulement
deux beaux vases de Sèvres datant de la Restauration.

HUITIÈME TRAVÉE

Ecoles flamande et hollandaise. — 137. A. Van Dyck, la
Vierge aux Donateurs. — 580. Wynaud, Paysages avec
figures (les figures sont d'Adrien Van de Velde). — 408, 409.
Rembrandt, les Philosophes en méditation (ces tableaux sont
placés de chaque côté du précédent). — 500. J. Stenn, Fête
flamande. — 378. Van Ostade, Canal gelé en Hollande. —
471. Ruisdaïl, Une tempête sur les côtes de la Hollande. —
431. Rubens, le Christ en croix. — 405. Rembrandt, le bon
Samaritain. — 17. Berghem, Environs de Nice. — 695. J.
Vandermeer, La Dentellière.

1 *A droite.* — 462. Rubens, la Kermesse. — 579. Wignaud
a lisière de la Forêt (avec les figures de Van de Velde. —
464. Rubens, Paysage. — 889. Gaspard Netscher, la leçon
de violon. — 888. Même auteur, la leçon de chant. — 248.
Dujardin, les Charlatans italiens. — 478. Ruisdaïl, le coup
de Soleil. — 519. Téniers, Intérieur de Cabaret. — 688. Paul
Potter, un Cheval blanc. — 294. Metsu, la leçon de musique.
— 144. Van Dyck, Portraits de Charles Louis, duc de Bavière
et de son frère Robert, duc de Cumberland. — 190. François
Hals, Portrait de Descartes. — 858. J.-B. Wénix, les Corsaires

repoussés. — 102. Gaspard de Crayer, Saint-Augustin en extase.

SALLES FRANÇAISES

Première Salle — Tableaux anciens : 875, 876, Peinture de la fin du XVIe siècle, le Christ sur la croix et Saint-Denis communiant de la main du Christ. — 652, 653. Jean Fouquet, Portrait de Juvénal des Ursins et Portrait de Charles VII. — 187. J. Cousin, le Jugement dernier.

Deuxième salle. — Vingt-deux tableaux représentant des scènes de la vie de Saint-Bruno par Eustache Lesueur, le plus remarquable de ces tableaux est le 846, la mort de Saint-Bruno.

Troisième Salle. — Eustache Lesueur, Peintures exécutées pour la décoration de l'hôtel Saint-Louis.

Quatrième Salle. — Horace Vernet, Vues des Ports de France, beaux effets de lumière.

Cinquième Salle. — Marines de Joseph Vernet et quelques tableaux de peintres anglais John Opie, Lawrens, Bunnington et Beechy.

GALERIES FRANÇAISES

Première Galerie. — Dans cette galerie sont exposés les chefs-d'œuvres des maîtres du XVIIe siècle. — 428. Poussin, Jésus-Christ, instituant l'Eucharistie. — 860. Mignard, son portrait. — 415. Poussin, Eliézer et Rébecca. — 70. Lebrun, Passage du Granique. — 850. Mignard, Ste Cécile. — 854. Mignard, Jésus sur le chemin du Calvaire. — 443. Poussin, le Triomphe de Flore. — 61. Lebrun, Jésus mis sur la croix. 219. Claude Lorrain, vue de Port. — 66. Lebrun, Ste-Madeleine repentante. — 480. Rigaud, portraits de Lebrun et de Mignard. — 641. Vouet, la Présentation. — 75. Lebrun, la Chasse de Méliagre et d'Atalante. — 475. Rigault, Louis XIV. — 849. Mignard, la Vierge et la grappe. — 412. Poussin, Jugement de Salomon. — 416. du même, Moïse sauvé des Eaux. — 228. Claude Lorrain, Chryséis remise à son père par Ulysse. — 227. Claude Lorrain, Un port de mer. — 76. Lebrun, Mort de Méléagre. — 476. Rigault. Portrait de Philippe V. roi d'Espagne. — 878. Lenain. Procession dans une église. — 73.

Lebrun, Alexandre et Paras. — 449. Poussin, Ruth et Booz. — 440. Même auteur, l'Automne. — 450. Bacchanale. — 438. Mars et Vénus. — 432. St-Jean baptisant le peuple. — 451. l'Hiver ou le Déluge. — 442. Echo et Narcisse — 431. la Mort de Saphire. — 473. Rigault, la Présentation. — 448. Poussin, le Paradis terrestre. — 516. Lesueur, salutation angélique. — 300. Jouvenet, Repas chez Simon le Pharisien. — 281. Claude Lorrain, le Gué. — 71. Lebrun, Bataille d'Arbelles. — 518. Lesueur, Descente deCroix. — 479. Rigault, portrait de Desjardins. — 470. Poussin, la Vierge d'Aaron, changée en serpent par Moïse. — 290. Laurent de Lahire. Tombeau de St-François d'Assise, ouvert par les ordres du pape Nicolas V. — 418. Poussin, Moïse enfant, foulant aux pieds la couronne de Pharaon. — 193. Claude Lefèvre, Portraits d'un élève et de son maitre. — 58. Lebrun, les Anges servant le Christ au désert. — 62. Même auteur, le Crucifix aux anges. — 453. Poussin, Diogène jetant son écuelle. — 297. Jouvenet, La pêche miraculeuse. — 437. Poussin, le jeune Pyrrhus sauvé. — 423. Même auteur, Adoration des Mages. — 426. Poussin, Les Aveugles de Jéricho. — 72. Lebrun, La tente de Darius. — 521. Lesueur, la Prédication de Saint-Paul à Ephèse. — 298. Jouvenet, Résurrection de Lazare. — 63 Lebrun, le Christ mort sur les genoux de la Vierge. — 424. Poussin, Sainte Famille, même auteur. — 421. Israélites recueillant la manne. — 420. Les Philistins frappés de la peste. — 452 Orphée et Eurydice. — 435. L'enlèvement des Sabines. — 417. Moïse sauvé des eaux. — 517. Lesueur, Jésus portant la croix. — 429. Poussin, Assomption de la Vierge. — 515. Lesueur, Tobie donnant des ordres à son fils. — 519. Même auteur. Jésus apparaissant à Marie-Madeleine. — 74. Lebrun, entrée d'Alexandre à Babylone. — 828. Poussin, Apollon amoureux de Daphné. — 583. Valentin, le Jugement de Salomon. — 584. Même auteur, Innocence de Suzanne reconnue. — 430. Poussin, Apparition de la Vierge à St-Jacques le Majeur. — 320. Largillière, portrait de Lebrun. — 441. Poussin. Bacchanale.

Salon Denon. — Au milieu de ce salon, grand vase en porcelaine de Sèvres ; les panneaux Boucher, Hallé, Coypel, Mignard et Jouvenet. Le plafond peint par Ch. Muller, représente Saint-Louis et la Sainte-Chapelle, François Ier dans l'atelier d'un artiste, Louis XIV continuant le Louvre, Napoléon donnant des ordres pour l'achever.

Salle des Etats. — Cette salle nouvellement ouverte est destinée aux chefs-d'œuvre de l'Ecole française qui n'ont pu trouver place dans les autres galeries. Elle est luxueusement décorée : **787**. Huet, Inondation. **754**. Delacroix, massacre de Scio. — **752**. Même auteur, son portrait. — **196**. Millet, église de Greville. — **872**. Horace Vernet, Judith et Holopherne ; Delacroix, prise de Rome. **861**. Troyon, retour à la Ferme. — **40**. Courbet. Combat de Cerfs. — **747**. Dauzat, intérieur d'Eglise. — **757**. Delacroix, Noce juive. — **74**. Daubigny, la Vendange. — **41**. Benonville, Saint-François d'Assise. — **106**. Fromentin, chasse au faucon en Algérie. — **871**. Horace Vernet, la barrière de Clichy en 1814. — **43**. Delacroix, entrée des Croisés à Constantinople. — **154**. David, Pâris et Hélène. — **150**. Même auteur, le Serment des Horaces. — **44**. Ingres, Roger délivrant Angélique. — **212**. Michel, les environs de Montmartre. — **45**. Gleyre, Illusions perdues. — **48**. Gros, Bonaparte à Arcole. — **321**. Lethière, la Condamnation des fils de Brutus. — **785**. Gérard, portrait de la marquise de Visconti. — **64**. Ary Schaefer, tentation du Christ. — **758**. Paul Delaroche, mort d'Elisabeth, reine d'Angleterre. — **235**. Gérard, entrée de Henri IV à Paris. — **67**. Gérard, portrait de la princesse Regnault, de Saint-Jean d'Angely. — **19**. Boilly, arrivée de la diligence. — **78**. Ingres, portrait de Cordier. — **79**. Prud'hon, la Sagesse et la Vérité. — **238**. Horace Vernet, Raphaël et Michel Ange au Vatican. — **633**. Carle Vernet, Chasse de Charles X. — **87**. Ingres, la chapelle Sixtine. — **823**. Pagnest, portrait du général de la Salle. — **494**. Léopold Robert, retour de Pélerinage. — **789**. Delavoche, les enfants d'Edouard. — **730**. Descamps, Chevaux de halage. — **135**. Huet, la Mare. — **88**. Prud'hon, portrait de l'Impératrice Joséphine. — **736**. Delacroix, les femmes d'Alger. — **89**. Ch. Rousseau, dortoir de Couvent. — **229**. Pyls, Rouget de l'Isle chantant la Marseillaise. — **278**. Guérin, offrande à Esculape. — **457**. Prud'hon, Christ en croix. — **790-794**. Ingres, Portraits. — **53**. Corot, ronde des Nymphes. — **789**. Ary Schæfer, Saint-Augustin et Sainte-Monique. — **276**. Gros, François Ier et Charles Quint visitant Saint-Denis. — **274**. Ingres, la Baigneuse. — **786**. Court, la mort de César. — **788**. Ingres, le Christ remettant les Clefs à Saint-Pierre. — **733**. Eugène Delacroix, la Barque du Dante. — **888**. H. Regnault, portrait du Maréchal Prim. — **34**. Diaz, vues de Rome.

DEUXIÈME GALERIE FRANÇAISE

482. Giraud, le Marchand d'esclaves. — **792**. Ingres, Jeanne d'Arc assistant au sacre de Charles VII. — **443**. Chassériau, la chaste Suzanne. — 499. Sigalon, la Jeune Courtisane. — 776. Géricault, l'Officier de Chasseurs. — 777. Même auteur, le Cuirassier blessé. — 237. Gérard, Daphmis et Chloé. — 631. J. Vernet, le Chateau Saint-Ange. — 870. Même auteur, le Coup de Tonnerre. — 774. Gérard, portrait de Charles X. — 264. Greuze, son portrait. — 28. Boucher, Scènes pastorales. — 877. Tocqué, portrait de Marie Leckzinska. — 820. Nattier, portrait de Madame Adélaïde, fille de Louis XV. — 99. Chardin, la Mère laborieuse. — 724. Même auteur, le Bénédicité. — 724. Même auteur, la Pourvoyeuse. — 488. Robert, le Portique de Marc Aurèle. — 489. Même auteur, le Portique d'Octavie. — 618. J. Vernet, Paysages. — 887. Oudry, Chasse au Loup. — 169. Desportes, Chiens. — 162. Même auteur, son Portrait. — 168. Même auteur, Gibier. — 890. Oudry, la Ferme. — 498. Senterre, Suzanne au bain. — 616. Vernet, Baigneuses. — 504. Sublegros, la Madeleine aux pieds du Christ. — 506. Même auteur, Martyre de Saint-Hippolyte. — 649. Watteau, Embarquement pour l'Ile de Cythère. — 180. David, le Serment des Horaces. — 241. Gérard, portrait de Canova. — 81E. Constance Mayer, le Rêve. — 722. Brascassat, le Taureau. — 850. Saint-Jean, Fleurs. — 850. Même auteur, Fruits. — 847. Th. Rousseau, sortie de forêt à Fontainebleau. — 858. Courbet, l'Enterrement d'Ornans. — 854. Brion, la fin du Déluge. — 785. Delacroix, la Barricade. — 107. Fromentin, campement d'une Tribu Arabe. — 728. Chassériau, Tépidarium. — 121. Regnault, Exécution à Tanger ; Chintreuil, Pluie et Soleil. — 261. Greuze, la Malédiction paternelle. — 26. Boucher, Pastorale. — 262. Greuze, le Fils puni. — 627. Vernet, vue des Environs de Marseille. — 630. Même auteur et même sujet. — 24. Boucher, Diane sortant du Bain. — 830. Vanloo, portrait de Maria Leckzinska. — 881. Lebrun, portrait de Poniatowski. — 263. Creuze, la Cruche cassée. — 265. Même auteur, portrait du peintre Jeaurat. — 570. Taraval triomphe d'Amphitrite. — 844. Roslin, Jeune fille couronnant l'amour. — 144. Coypel, Athalie chassée du Temple. — 716. Boucher, le But. — 408. Raoult, Pygmalion.

Escalier Daru. — On travaille toujours à l'escalier Daru. Le palier est littéralement encombré de sculptures et de bas reliefs. Les peintures sont rémplacées par des mosaïques d'après Poussin, Raphaël et Albert Durer. Fresques de Botticelli et de Giovani di Fresoli. Belles terres cuites, statue grecque représentant la Victoire de Samothrace.

Musée Campana. — Ce Musée se compose de grande partie de terres cuites et de vases anciens. Il comprend neuf salles.

Première salle. — Antiquités asiatiques, plafond d'Alaux re présentant le Poussin présenté à Louis XIII par Richelieu. Dans les vitrines, poteries phéniciennes, têtes et amulettes Orientales, vases peints et terres cuites, beau Collier phénicien ; une vitrine comprend les beaux bijoux d'or et d'argent trouvés en Phénicie par M. Ernest Renan. Au milieu de la salle, cinq statues archaïques. Belles antiquités Chaldéennes très curieuses.

Deuxième salle. — *Terres cuites de la grande Grèce.* — Le plafond de Stenbens représente Henri IV après la bataille d'Ivry. Dans cette salle on remarque surtout des terres cuites trouvées dans la partie méridionale de l'Italie appelée autrefois la grande Grèce, statuettes, urnes funéraires et bas reliefs.

Troisième salle. — *Vases Etrusques noirs.* — Plafond représentant Puget présentant à Louis XIV son groupe de Milon de Crotone, vases Etrusques à dessins bizarres et qui sont tous noirs, poteries grossières et quelques bas reliefs.

Quatrième salle. — *Suite de la Céramique Etrusque.* — Plafond de Fragonard représentant François 1er recevant les statues rapportées d'Italie par le Primatice.
Dans les vitrines plaques d'Ivoire artistement sculptées, bas reliefs représentant Minerve donnant à boire à Hercule. Petits sarcophages en terre cuite. Petits lits funéraires.

Cinquième salle. — Vases Corinthiens provenant des Iles de l'Archipel et de l'Italie. Le plafond peint par Hein, représente la Renaissance des Arts en France et huit scènes de l'histoire de France depuis Charles VIII jusqu'à la mort de Henri II. Vases grecs très anciens et peints en rouge sur fonds noir, amphore sur laquelle est représenté le repas d'Hercule.

Sixième salle. — *Vases Grecs à figures noires.* — Plafond de Fragonard représentant le roi François 1er armé chevalier par Bayard. Les vases de cette salle sont blancs et les figures noires ; il faut remarquer ceux qui ont rapport aux travaux d'Hercule et aux faits d'armes de la guerre de Troie.
Dans une vitrine vases signées du nom de Nicosthènes.

Septième salle. — *Vases grecs à figures rouges.* — Le plafond de Schnetz, représente Charlemagne recevant Alcuin. Cratères représentant Apollon tuant le Géant Tityos au moment où il veut enlever Latone et la lutte d'Hercule et d'Antée. Belles amphores à peintures rouges signées du nom d'Andokidès.

Huitième salle. Vases à boire grecs appelés Rhytons. — Plafond de Dralling : Louis XII aux Etats-Généraux de Tours en 1506. Les Rhytons étaient des vases à boire dont les Grecs se servaient dans les banquets, ces vases sont ornés de têtes.

5

Belles terres cuites d'Arezzo à vernis vert et rouge. Coupes dorées, vases gréco-italiens avec inscriptions latines, plats têtes de femmes, coupes représentant des sujets mythologiques.

Neuvième salle. — *Peintures murales de Pompéi et d'Herculanum.* — Plafond de Cogniet représentant l'expédition d'Egypte sous les ordres de Bonaparte. Belles Fresques provenant de la collection Campana et représentant: la Muse d'Herculanum, autres fresques donnés par le roi de Naples. Belle collection de verres antiques.

Musée des antiquités grecques. — Appelé aussi le Musée Charles X.

Première salle. — Plafond de Picot représentant Cybèle protégeant Herculanum et Pompéï contre le feu du Vésuve. Vases peints, bas reliefs curieux, amphores d'Andokides.

Deuxième salle. — Plafond de Meynier représentant les Nymphes de Parthénope (Naples) arrivant sur les bords de la Seine. Cette salle contient plusieurs vases remarquables en outre une grande amphore grecque représentant le combat des Dieux et des géants. Terres cuites et plaques funéraires grecques Belles figurines.

Troisième salle. — Plafond de Hein représentant le Vésuve, recevant de Jupiter le feu qui doit consumer Herculanume Pompéï et Stabies. Sur une grande table de marbre qui se trouve au milieu de la salle, deux beaux cratères dont l'un représente Achille et Memnon. Belles lampes romaines dont l'une représente le Triomphe de Zacchus et d'Ariane. Dans les vitrines : lécythes, vases grecs et décorations romaines.

Quatrième salle. — Plafond d'Iugres représentant l'apothéose d'Homère. Les vitrines renferment des objets de bois et des plâtres qui furent trouvés pendant l'expédition de Crimée. Beaux ivoires, gobelet en verre bleu, verres grecs et romains, verres de Tarse, gobelet en verre rouge. Beaux camées en pierres dures.

MUSÉE DES DESSINS

Première salle. — Plafond par Blondel représentant la Victoire de Bouvuines. Dessins des maîtres Italiens. Mars et Vénus et le triomphe de Scipion de Jules Romain.

Deuxième salle. — Plafond aussi par Blondel représentant la

France recevant la Charte des mains de Louis XVIII. Dessins des grands maîtres italiens, Léonard de Vinci, Michel Ange, Raphaël, le Titien, etc. Cartons de J. Romain, continuation du triomphe de Scipion.

Troisième salle. — Plafond de Drolling : La loi descendant sur la terre. Continuation de l'école italienne. Dessins des grands maîtres et continuation des cartons de J. Romain.

Remarquer : les Prisonniers et beaux dessins italiens du Corrège.

Quatrième salle. — Plafond de Mauzaisse : La sagesse divine donnant des lois aux rois et aux législateurs. Continuation des maîtres italiens ; quelques maîtres espagnols comme Carrache et le Dominiquin. Cartons de Lebrun et de Mignard.

Cinquième salle. — Dessins des écoles allemande, flamande et hollandaise, spécialement de Memling, Van der Weyden, Rubens, Ruysdaël et le Téniers

Sixième salle. — *Ecole Française.* — Pastels anglais et français.

Septième salle. — Dessins de Claude Lorrain. Cartons de Lebrun.

Huitième salle. — Vie de St-Bruno par Lesueur. Beaux meubles sculptés.

Neuvième salle. — Continuation de l'école française, cartons de Lebrun. Beaux meubles.

Dixième salle. — Continuation de l'école française et des cartons de Lebrun.

Onzième salle. — Continuations d'école française ; cartons d'Ingres représentant les vitraux de la chapelle de Dreux et de la chapelle de St-Ferdinand à Paris.

Douzième salle. — Continuation de l'école française. Tableau à l'huile de David qui est inachevé et qui représente le Serment du Jeu de Paume. Portraits sur émail et en miniature par Augustin, Isabey et Madame de Mirbel. Gouaches de Guillaume Baur.

Treizième salle. — Continuation de l'école française. Beau dessin sur soie donné par Charles V à la cathédrale de Narbonne.

Quatorzième salle. — Fin de l'école française. Pastels de Quentin de la Tour auteur du portrait de la marquise de Pompadour, autres pastels de Vivien, de Chardin, de Madame Lebrun et de Prud'hon. Beau bureau Louis XIV au fond de la salle.

Salle des Boîtes. — On n'y peut aller que le samedi de 2 h. à 5 heures. Cette salle renferme des dessins précieux exécutés par les plus grands maîtres et enfermés dans des boîtes pour les empêcher de se détériorer.

Salles Thiers. — Du musée des dessins passer dans les salles Thiers. Remarquer dans la première salle, outre le portrait de M. Thiers par Bonnat, des bronzes, des antiquités égyptiennes et des verres de Venise. Dans la vitrine de gauche, belles figures d'anges en terre cuite ; dans la vitrine à droite un sceau italien et Venus marine. Dans la seconde, des belles faïences, des bronzes japonais, des pièces superbes en vieux Chine, en porcelaine de Sèvres et un grand assortiment de faïences hollandaises.

Collection de La Salle. — On y remarque des dessins des grands maîtres des écoles française, flamande et italienne.

MUSÉE DU MOYEN AGE ET DE LA RENAISSANCE
(Objets d'art)

Première salle. — *Ivoires.* — Dans le fond le retable de Poissy, bel ouvrage italien du XIVe siècle. Nombreux sujets tirés de l'écriture sainte et ivoires sculptés représentant des personnages de l'ancien testament. Couronnement de la Vierge et des jeux d'enfants en ivoire sculpté. Baux peignes et coffrets d'un travail exquis.

Deuxième salle ou salle Sauvageot. — Petits objets, bois, grès. Sur les murs bas-reliefs italiens. Chaises et bahuts anciens. Médaillons allemands et statuettes ; tapisseries représentant l'histoire de St-Etienne. Médaillons en cire coloriée du XVIe siècle.

Troisième salle. — Verreries et émaux de Venise. Grande mosaïque de verre représentant le lion de Venise, loupes de Venise et beaux verres français, italiens et allemands.

Quatrième salle. — Cette salle comprend une collection d'instruments de métal et principalement des petits bronzes d'une grande valeur : Raquettes italiennes, pièces de serrurerie, verrous, médailles italiennes, moulages des soubassements du tombeau de François Ier à St-Denis. Belle tapisserie représentant des scènes de la vie de St-Etienne. Statuettes et chandeliers italiens. Aiguière et coffret de Donatello. Couteaux, clefs et serrures.

Cinquième salle. — Appelé aussi salle de Bernard Palissy à cause des émaux faits par lui et qui la décorent. Remarquer à la première fenêtre les faïences Henri II faites à Viron. Petit marbre de Pigalle représentant l'enfant à la cage.

Sixième salle. — Salle des faïences hispano-mauresques et italiennes. Produit des ateliers espagnols et italiens.

Septième salle. — Continuation des faïences italiennes même genre que dans la salle précédente. Sculptures en terre cuite et bas-reliefs.

Huitième Salle. — Comprend les terres cuites de Della Robbia à Florence et de son école.

SALLE DES ACQUISITIONS

Première Salle. — Elle renferme des antiquités Chaldéennes, des bronzes et des armes.

Deuxième Salle. — Aussi appelée salle de la Sasiane, elle n'est pas encore complètement aménagée et contiendra des antiquités orientales.

Troisième Salle. — Plaque de bronze représentant Apollon et Hercule, vases et coupes de bronze, bustes et vases antiques.

Quatrième Salle. — Belles tapisseries, couronnement de la Vierge, buste d'un Empereur romain. Dans les vitrines, statuettes de bronze, Arion par le Riccelo et Persée par Benvenuto Cellini. Ivoires, émaux, coupes, verres espagnols et faïences.

Cinquième Salle. — Tabatières et boîtes du XVIIIe Siècle, lampes de mosquée, laques de la reine Marie Antoinette, vases chinois, faïences persanes, bijoux, ivoires, émaux, camées et miniatures.

Au milieu de la salle une Statuette d'argent par Bosio représentant Henri IV et un bassin de cuivre connu sous le nom de Baptistère de Saint-Louis.

Sixième Salle. — Tentures de soie magnifiques, statue en argent représentant la Paix par Chaudet.

Septième Salle. — Ce fut dans cette chambre qu'Henri IV mourut en 1610. Les boiseries de cette salle qui ont été remaniées et restaurées sous Louis XIV proviennent des appartements de Henri II. Au dessus de la cheminée, portrait médaillon de Marie de Médicis.

Huitième Salle. — Au milieu beau vase en porcelaine de Sèvres. Portrait de Louis XIII et d'Anne d'Autriche. Vitraux du XVIe Siècle.

MUSÉES DU SECOND ÉTAGE

Musée de Marine. — Ce musée renferme une collection assez complète de batiments, de machines, d'instruments nautiques, de modèles, de constructions etc. Il comprend seize salles et deux galeries. Des étiquettes sont placées près de chaque objet.

En face sur le palier on a installé deux nouvelles salles, on y voit des aquarelles, des dessins, des modèles de constructions, etc.

Dans la première salle remarquez les débris du naufrage de Lapérouse recueillis par Dumont d'Urville, dans la seconde salle un buste de Lapérouse et un plan de la ville et du port de Brest, dans la troisième salle, bustes de Bougainville et de Jean-Bart et modèles de machines de sauvetage, dans la quatrième salle, des moulins à scier le bois et le buste de Duquesne, dans la cinquième salle rien d'intéressant, dans la sixième, modèle d'une colonne élevée à la mémoire du grand navigateur Lapérouse et autres débris provenant de son naufrage, dans la septième, modèles de cuirassés et notamment de l'*Océan*, vaisseau de guerre de 120 canons du XVIII° siècle, dans la huitième, plans du navire le *Marengo* et plans de la Ville de Toulon, dans la neuvième, des armes de toutes les espèces, dans la dixième un bateau sous-marin et des instruments nautiques, dans la onzième, des pirogues et des galères, dans la douzième, des panoplies et une description des manœuvres de Cherbourg. Dans les galeries : pirogues et embarcations des peuplades sauvages des Indes, de l'Océanie et de l'Amérique du Sud.

MUSÉE D'ETHNOLOGIE

Ce musée contient une collection très curieuse d'armes de toutes provenances et d'objets variés que les navigateurs français ont rapporté des régions éloignées. Parures sauvages, pagodes, armures indiennes, pirogues chinoises et japonaises, amulettes, statuettes, idoles, etc.

MUSÉE DU LUXEMBOURG

Le Luxembourg comprend deux musées, l'un de peintures et l'autre de sculptures.

Ce musée est affecté aux artistes vivants, une fois morts, leurs tableaux sont envoyés au Louvre ou dans d'autres musées.

Le catalogue et la plupart des guides suivent pour les sculptures l'ordre alphabétique, nous les imiterons et commencerons par le musée qui se trouve dans une nouvelle salle où l'on pénètre par la rue de Vaugirard.

Sculptures. — **A 320**. Aiselin, Psyché. — **321**. Alzar, mort d'Alceste. — **322**. Antonin Carlès, la Jeunesse.

B 323. Barryas, Jeune fille de Mégare. — **324**. Barthélemy, Ganymède. — **327, 328**. Becquet, Ismaïl, St-Sébastien. — **328** bis. Madame Bertaux, Jeune fille au bain. — **330**. Bonassieux, la Méditation. — **331**. Bourgeois, la Pythie de Delphes.

C 324. Carrier-Belleuse, Hébé endormie. — **335, 336, 337**. Cuvelier, la Vérité, la Mère des Gracques, le Néophyte.— **339, 840**. Chapu, Mercure inventant le Caducée, Jeanne d'Arc à Domrémy. — **841**. Chatrousse, la Lecture. — **842**. Christophe, la Fatalité. — **346**. Cordonnier, Jeanne d'Arc. — **847**. Coutan, Eros. — **350**. Croisy, le Nid. — **349**. Crauk, la Jeunesse et l'Amour.

D 351. Dampt, St-Jean. — **353**. Degeorge, la Jeunesse d'Aristote. — **354, 355, 356**. Delaplanche, Ève après le Péché, le Messager d'Amour, l'Aurore. — **359, 360, 361**. Dubois, St-Jean enfant, Narcisse, Chanteur florentin.

E 363. Etex, St-Benoît se roulant sur des épines.

F 364, 365. Falguière, Tarcisius martyr, Vainqueur au combat de coqs. — **433**. Branceschi, la Fortune. — **369, 370**. Frémiet, le Chien blessé, Paon et Ours.

G 375. 376. Guillaume, Anacréon, les Gracques (bronzes).

H 378, 379. Hiolle, Narcisse, Arion assis sur le Dauphin.

I 380, 381. Idrac, Mercure inventant le Caducée, Salambo

J 384. Jouffroy, Jeune fille confiant son premier secret à Vénus.

L 385. Lanson, l'Age de fer. — **388**. Lenoir, St-Jean. — **434**. Longepied, l'Immortalité.

M 390. Maillet, Aggrippine portant les cendres de Germanicus. — **391**. Maniglier, Pénélope portant à ses prétendants l'arc d'Ulysse. — **395. 395** bis. Marqueste, Cupidon, Galathée. — **396**. Mercié, David — **398, 399**. Millet, Ariane, Cassandre se mettant sous la protection de Pallas. — **400**. Moreau, une fileuse. — **402**. Moulin, une trouvaille à Pompéi.

O 403 Oliva, Rembrandt.

P 436. Peynot, Pro Patria.

R 406. Rodin, St-Jean.

S 407, 408. St-Marceaux, Jeunesse du Dante, Génie gardant le secret de la tombe. — **409.** Salanson, la Dévideuse.— **410, 411.** Schœnewerk, jeune fille à la fontaine au matin.

T 413. Thomas, Virgile. — **414.** Tournois, Bacchus inventant la Comédie. — **415.** Truphème, Jeune fille à la Source.

PEINTURES

Le musée de peinture étant divisé en salles séparées, nous donnerons les principaux tableaux par ordre de salles.

Première salle. — **57.** Courbet, le Ruisseau du Puits noir. **24.** Bouguereau, le Triomphe du Martyr. — **219.** Robert Fleury, Colloque de Poissy. — **53.** Corot, paysage. — **160.** J. P. Laurens, Délivrance des emmurés de Carcassone. — **37.** Cabanel, glorification de St-Louis. — **135.** Hébert, le Baiser de Judas. — **72.** Delaunay, peste à Rome. — **60.** Couture, les Romains de la Décadence. — **221.** Robert Fleury, pillage d'une maison de Juifs à Venise. — **112.** Gérome, combat de coqs. — **136.** Butin, enterrement d'un marin à Villerville. — **140.** Henner, le bon Samaritain. — **103.** Français, la fin de l'hiver. — **86.** Duez, Saint-Cuthbert (tryptique). — **141.** Henner, Naïade. — **188.** Meissonnier, Napoléon III à Solférino.— **260.** Ziem, Vue de Venise. — **248.** Ullmann, Sylla chez Marius.

Deuxième Salle. — **11.** Bastien Depage, les Foins. — **171.** Legros, Une amende honorable. — **58.** Courbet, l'Homme à la ceinture de cuir. — **145.** Isabey, Embarquement de Ruyter et de William de Wyt. — **39.** Cabanel, la Naissance de Vénus. — **23.** Bonnat, portrait de Léon Cogniet. — **114.** Giacometti, l'enlèvement d'Anymone. — **132.** Harpignies, le saut du loup. — **22.** Rosa Bonheur, Labourage nivernais. — **30.** J.-A. Breton, la Bénédiction des blés. — **201.** Mosler, Le retour. — **190.** Mélingue, Etienne Marcel sauve Charles VII en changeant de chaperon avec lui. — **134.** Hébert, famille Italienne fuyant la contagion. — **50.** Comte, Henri III et le duc de Guise. — **207.** Pelouze, Cernay en janvier **254.** Lefroy, Retour du troupeau.

Troisième Salle. — **70.** Delannoy, Inde et Orient. — **220.** Robert Fleury, Jane Shore — **226.** Rousseau, un importun.

—73. Delaunay, Diane. — 243. Sylvestre, Locuste essayant le poison devant Néron. — 51. B. Constant, les Rebelles. — 55. Cot, M re lle. — 213. Renard, la Grand'Mère. — 227. Rousseau, le rat retiré du monde. — 139. Henner, la Chaste Suzanne. — 9. Barrias, les exilés de Tibère. — 259. Ziem, vue de Venise. — 12. Baudry, la fortune et le jeune enfant. — 253. Valton, poissons de mer. — 25. Bouguereau, Vierge consolatrice. — 27. Cabat, l'étang de Ville-d'Avray.

Quatrième Salle. — 20. Billet, l'heure de la marée. — 136. Hébert, les Cévarolles. — 32. J.-A. Breton, la Glaneuse. — 261. Ziem, Marine. — 223. Robert Fleury, le dernier jour de Corinthe. — 170. Lefèvre, la Vérité. — 46. Chaplin, Souvenirs. — 26 Bouguereau, naissance de Vénus. — 185. Maisiat, coteau rustique. — 49. P. Chenavard, la divine tragédie.

Cinquième Salle. — 178. Leroux, Herculanum. — 152. Laboulaye, au sermon. — 83. Diaz de la Peña, la fée aux perles. — 226. T. Rousseau, effet d'orage. — 52. Cormon, fuite de Caïn et de ses enfants. — 13. Baudry, St-Jean-Baptiste. — 228. Rousseau, bord de rivière. — 101. Flandrin, la solitude. — 199. Montenard, La Corrèze quittant Toulon. — 88. Dupré, le Soir. — 180. H. Lévy, Mort d'Orphée. — 87. Dupré, le Matin. — 99. Flameng, bateau de pêche à Dieppe. — 54 bis. Corot, le colysée à Rome. — 61. Curzon, Psyché. — 176. Levolle, dans la campagne. — 106. Fromentin, chasse au faucon. — 54. Corot, vue du Forum. — 172 bis. Leleux, le mot d'ordre. — 76. Dumont-Breton, la plage.

Sixième salle. — 138. Hellbuith, le Mont-de-piété. — 250. Wetter, Mollère et Louis XIV. — 186. Maisiat, fleurs et fruits. — 43. Carrier Belleuse, équipe de bitumiers. — 111. Geoffroy, les infortunés. — 168. le comte du Nouy, les porteurs de mauvaises nouvelles. — 3. Adam, la fille du passeur. — 247. Trayer, la marchande de crêpes. — 258. Yon, l'Eure à Arqu'gny. — 120. Glaize, conjuration chez les anciens Romains.

Septième salle. — 240. Signal, la femme adultère. — 2. Achenbach, le môle de Naples. — 85. Gustave Doré, l'ange de Tobie. — 244. Tassart, une famille malheureuse. — 204. Nittis, la place des Pyramides. — 29. Breton, la Chute des feuilles. — 45. Chaplin, les bulles de savon. — 158. Laugée, un cierge à la madone. — 178 bis. Leroux, Funérailles romaines. — 155. Laugée, le château de Pierrefonds. — 162. Lavieille, nuit d'octobre. — 4. Amaury Duval, étude d'enfant. — 81 Diaz de la Peña, les Pyrénées.

Huitième salle. — **127.** Hagborg, grande marée. — **79.** Deschamps, l'enfant abandonné. — **19.** Bertrand, mort de Virginie. — **74.** Demont, le Moulin.

Cette salle contient en outre des pastels et dessins des auteurs suivants: Adam, Herst, François, Millet, Régnault, Gaillard, Tassart, Bidat, Eva Gonzalès, Nozal, Mme Parmentier de Neuville, Merson, Dost, Viollet le Duc.

Neuvième salle. — **137.** Hédouin, Glaneuses dans le Loiret. — **161.** J. P. Laurens, le rocher de Kurdistan. — **91.** Edelfelt, service divin au bord de la mer. — **205.** Nittis, place du Carrousel. — **123.** Guillaumet, prière du soir. — **108 bis.** Gallimard, l'Ode. — **142.** Herpin, Paris, rue du pont des Sts-Pères. — **300.** J.-P. Laurens, la vision. — **272.** Detaille, inauguration du nouvel Opéra (dessin au lavis). — **193.** Michel, la Ste Communion. — **69.** Defaux, le port de St-Aven. — **280.** Galbrund, la jeune ménagère.

Dixième Salle. — **266.** Worms, La Romance à la Mode. — **5.** Anastasi, Terrasse d'une villa romaine. — **183.** Lafon, Jésus au milieu des Docteurs. — **211.** Ranvier, La Chasse au filet. — **246.** Tissot, Rencontre de Faust et de Margueritte. — **241.** Smith Hall, le vieux filet. — **14.** Beaumont, la Part du Capitaine. — **128.** Hamman, Enfance de Charles-Quint. — **189.** Mélida, Messe de relevailles. — **177.** Leronx, le nouveau né. — **107.** Fromentin, le Campement arabe. — **180.** H. Lévy, Mort d'Orphée. — **56.** Courbet, la Vague.

Onzième Salle. — **105.** Français, Daphnis et Chloé. — **169.** Lefèbvre, Nymphe et Bacchus. — **165.** Lebel, un Vœu. — **196.** Millet, Eglise de Gréville. — **191.** Mercié, Vénus. — **118.** Gigoux, Mort de Cléopatre. — **94.** Falguière, Eventail et Poignard. — **212.** Ravier, Enfance de Bacchus. — **75.** Desmont, la Nuit. — **154.** Landelle, le Pressentiment de la Vierge. — **130.** Hanoteau, les Grenouilles. — **197.** Millet, Baigneuses.

MUSÉE DES MACHINES
(*Voir conservatoire des Arts-et-Métiers*)

MUSÉE DES MÉDAILLES ET ANTIQUES
(*Voir Bibliothèque Nationale*)

MUSÉE DE MINÉRALOGIE

A l'école des Mines, collection des minéraux français et étrangers. Plans de l'Etna et du Vésuve, plan géologique du bassin de la Seine.

MUSÉE DES MONNAIES
(Voir Hotel des Monnaies — Palais)

MUSÉE D'HISTOIRE NATURELLE
(Voir Jardin des Plantes)

MUSÉE DE L'OPÉRA

A l'Opéra, ouvert de 10 à 4 heures; Portraits d'artistes, décors, manuscrits, partitions, costumes, affiches de théâtre sous Louis XIV.

MUSÉE PÉDAGOGIQUE

Rue Gay-Lussac n° 41. Visible les dimanches et les jeudis, le musée n'est fréquenté que par des professeurs. On y voit des instruments scolaires, tels que sphères, tableaux noirs, etc., un laboratoire de chimie.

MUSÉE DES PLATRES
(Voir Palais des Beaux-Arts)

MUSÉE DE PALÉONTOLOGIE
(Voyez école de médecine)

MUSÉE DE LA RÉVOLUTION
Voyez Versailles (environs)

MUSÉE TYPOGRAPHIQUE
(Voyez Imprimerie Nationale)

MUSÉES DU TROCADÉRO
Musée Cambodgien, Musée Ethnographique et Musée de Sculpture comparée

Musée Cambodgien. — Collection de sculptures provenant du

Cambodge et en particulier du territoire des Kmers, Bouddhas et Eléphants, divinités Indoues.

Musée Ethnographique. — Au premier étage du Trocadéro, visible les dimanches et jeudis de midi à 4 heures.

Dans le vestibule, mannequins des habitants de l'Océanie, armes, ustensiles, maison de Malaisie, buste de Dumont d'Urville et objets rapportées par lui tels que costumes de chefs, filets de pêche, etc.

Dans la *galerie Lovillard*, modèles d'embarcations, Amphores Boliviennes ; Dans la grande salle, costumes et armes de l'Amérique du Sud.

Musée de sculpture Comparée. — Au rez-de-chaussée (aile gauche) moulages en plâtre des plus intéressants spécimens de la sculpture française du Xe au XVIIIe siècle et moulages pris dans tous les pays.

OBSERVATOIRE

Ce monument fondé en 1672 est situé bien exactement au sud du Palais du Luxembourg au bout de l'avenue de l'Observatoire qui est une continuation du jardin du Luxembourg. Le bâtiment construit sur les plans de Peyrault à quatre façades et est coupé par une ligne méridienne en deux parties égales.

Le dôme de cuivre à quinze mètres de haut, il renferme une grande lunette et tourne sur lui même. Il possède deux cercles méridiens, cinq équatoriaux et un télescope qui a jusqu'à huit mètres de longueur. Les caves sous l'Observatoire sont d'une profondeur égale à sa hauteur. Pour visiter l'Observatoire il faut une permission écrite du directeur qu'on obtient soit après présentation, soit sur la production d'un passe port ou d'autres pièces authentiques.

OCTROIS

La visite de l'octroi est très rigoureuse à Paris et il arrive très fréquemment qu'un voyageur négligent se fasse dresser procès-verbal pour contravention. Le mieux est de déclarer franchement les objets qui peuvent être à déclarer. On s'en trouvera toujours mieux ainsi.

PALAIS

Palais de l'Archevêché. — Ce palais, rue de Grenelle, 127, est installé dans l'ancien hotel Duchatelet, belle construction datant de Louis XIV.

Palais des Beaux-Arts. — Ce palais est ouvert tous les jours de dix heures du matin à quatre heures du soir, les samedis il est ouvert seulement de dix heures à trois heures. Entrée gratuite.

Ce palais est situé sur le quai Malaquais sur la rive gauche de la Seine, il fait face au Louvre. Le bâtiment est construit sur l'emplacement de l'Abbaye des Petits Augustins et est moderne. L'entrée de la rue Bonaparte est a travers la cour, qui est bordée de ruines et de pièces de maçonnerie représentant les progrès de l'architecture française depuis la période Gallo-Romaine jusqu'au XIXe siècle.

Ces trésors furent collectionnés par l'artiste Lenou au commencement du siècle sous le titre de Musée des Monuments français et étaient d'abord beaucoup plus nombreux. Les architectes reconnaîtront avec plaisir le portail bien connu du château d'Anet, dessiné en 1532 par Phillibert Delorme et qui forme l'entrée de la chapelle. On se sert de ce bâtiment comme d'atelier pour les jeunes étudiants de sept heures à midi. On peut le visiter seulement dans l'après midi, sauf les jours de fêtes car il est alors ouvert toute la journée. On y voit une copie de la belle fresque de Michel Ange, le jugement dernier exécutée par Sigallon, cette copie à la même taille que l'original, y remarquer aussi la chaire du Baptistère de Pise, des fac-simile, des figures de Michel-Ange sur la tombe de Marie de Médicis et quantité de beaux bustes en marbre.

La cour est divisée en deux parties par un fragment de la façade du château de Gaillon (Renaissance du XIVe siècle); le château fut détruit pendant la révolution. On entre dans la Cour du Murier en passant sous une arche à droite. Elle est bordée sur trois côtés par des arches renaissance décorées de reproductions de statues antiques faites par les vainqueurs successifs du prix de Rome.

Dans la cour du Sud se trouve un monument érigé à la mémoire d'Henry Regnault par ses condisciples; le jeune artiste promettait de devenir le plus grand peintre du siècle. Il obtint le prix de Rome à un âge encore très tendre et fut en conséquence exempté du service militaire, mais il s'engagea et fut tué en 1870.

La principale façade de l'école des Beaux-Arts est due aux plans de Dauban et est un bon spécimen de l'architecture franco-italienne. La principale galerie de ce palais est au premier étage de l'aile du Nord près de la Seine. Elle est ornée de copies de fresques

de Raphaël au vatican faites par les frères Balze. On s'en sert
surtout pour exposer les œuvres des étudiants et pour des
œuvres d'architecture et de sculpture. Les tableaux pour le prix
de Rome et les œuvres des étudiants qui ont obtenu ce prix y
sont aussi exposés tous les ans. Au sud de la grande galerie est
la chambre du conseil ornée des portraits de plusieurs grands
maîtres. Derrière est l'amphithéâtre où l'on distribue les prix
aux étudiants. Au plafond se trouve un des spécimens les plus
intéressants de l'art français. C'est une peinture à l'encaustique
par Paul Delaroche contenant 65 figures colossales représentant
des peintres, des sculpteurs et des architectes de tous les âges,
depuis Phidias et Appelle jusqu'à Poussin et Claude Lorrain
Cet ouvrage nécessita trois ans et demie et fut payé à l'artiste
75,000 francs. Il fut endommagé par le feu en 1855 mais habile-
ment restauré par Fleurier et Mercy.

La salle de Louis XIV contient des portraits historiques de
maîtres français.

La chambre des modèles est remplie de dessins, études archi-
tecturales et modèles. Au rez-de-chaussée, musée de sculpture
pour les étudiants contenant environ 200 copies des maîtres
anciens.

Au Nord de la seconde cour est le musée des copies et plusieurs autres chambres dont on se sert pour des expositions.
La façade sur le quai qui fait face à la Seine fut bâtie en 1862.
Il y a aux Beaux-Arts une bibliothèque splendide pour les étudiants, mais les visiteurs peuvent y être admis en écrivant au
secrétaire. Les cours faits aux Beaux-Arts comprennent le dessin, la peinture, la scupture, l'architecture, la gravure sur
cuivre et sur bois.

Dans toutes les divisions il y a plus de mille élèves, car il y
a trois ateliers pour la peinture, trois pour les sculpture, un
pour l'architecture. Les écoles de peinture sont sous la direction de Cabanel, Gérome et Hebert. Des étudiants d'autres
nationalités sont également admis aux Beaux-Arts.

Palais Bourbon. — Sert actuellement pour les séances de la
Chambre des députés. Ce palais qui fait face au pont de la Concorde fut bâti par Girardin pour la duchesse Douairière de
Bourbon en 1722. Le prince de Condé, son petit fils, agrandit
l'hotel et y dépensa plus de seize millions de francs. En 1700 le
palais devint propriété nationale et on y remisa les chariots de
munitions. En 1795 on ordonna que le conseil des cinq cents y
tiendrait ses séances et depuis lors le palais a toujours servi au
même but. Napoléon fit du palais Bourbon le nouveau Corps

Législatif. Ce fut alors qu'on construisit la colonnade que nous y voyons. Le frontispice représentait d'abord l'empereur présentant au Corps Législatif les drapeaux pris à la bataille d'Austerlitz, mais plus tard sous la Restauration ce fut enlevé et on y substitua une figure allégorique de la Charte accompagnée par la science et la Justice protégées par la France.

La colonnade est composée de douze colonnes corinthiennes supportant un fronton. Indépendamment du bâtiment, mais au même niveau que la base des colonnes, statues de Minerve et de Thémis et sur un niveau plus bas et plus près de la rue, les statues de Sully, de d'Aguesseau, de Colbert et du chancelier de l'Hôpital.

De l'autre côté, faisant face à la place du Palais-Bourbon, grand portique soutenu par des colonnes corinthiennes. Une loi passée en décembre 1814, rendit le Palais-Bourbon au prince de Condé, mais en payant un loyer annuel de 124,000 francs, la Chambre des Députés continua à y siéger.

En juin 1827, le Gouvernement acheta le palais pour la somme de six millions. La salle où avait siégé le Conseil des Cinq-Cents tombait en ruines et on construisit une salle provisoire dans le jardin. La nouvelle salle fut finie en 1832 et les représentants du peuple continuèrent à y siéger; depuis lors, sauf après 1870 quand après la guerre, le siège du Gouvernement et des Chambres fut à Versailles et ne fut rendu à Paris qu'en 1877.

Depuis lors, on ne désigne le Palais-Bourbon que sous le nom de Chambre des Députés.

PALAIS DE LA BOURSE

Situé Place de la Bourse à quelques centaines de mètres du boulevard Montmartre. La bourse est un beau bâtiment ayant l'apparence d'un temple grec.

Le style de l'architecture est corinthien. Autour du monument, soixante-quatre colonnes, vingt de chaque côté, douze devant et douze derrière.

Il y a une galerie entre les colonnes et le corps de bâtiment. Un perron conduit à cette galerie. Ce Palais fut bâti et ouvert en 1826.

La Bourse est ouverte tous les jours, sauf les dimanches et jours de fête. On y entre librement, mais les dames et les enfants ne peuvent pénétrer dans l'intérieur.

A midi trente, les affaires commencent et on procède à la côte et à la vente des fonds.

Chaque jour à midi trente, la cloche annonce l'arrivée des agents de change. Les affaires commencent alors et un crieur annonce au public, le prix de chaque vente faite au comptant. Ces prix sont aussitôt copiés et de là provient la cote qui est publiée par les journaux.

Outre les actions vendues au comptant, on en vend aussi beaucoup à terme.

A 3 heures, la cloche sonne de nouveau, les agents de change quittent leur place privilégiée, l parquet, et s'assemblent sous la présidence de leur syndic. Ils rédigent alors la cote officielle de la Bourse qui est transmise aux journaux et copiée sur un registre *ad-hoc* tenu par un commissaire de police spécialement attaché à la Bourse.

Aussitôt que les agents de change ont quitté la Bourse, ils sont remplacés par les courtiers en marchandises qui font des affaires de toutes sortes. A cinq heures ces courtiers se réunissent et à 6 heures a lieu la Bourse officielle des marchandises.

PALAIS DE L'ÉLYSÉE NATIONAL

Le Palais de l'Elysée est situé à gauche du faubourg Saint-Honoré et les jardins s'étendent par derrière, jusqu'à l'avenue Gabriel qui est parallèle avec les Champs-Elysées. En 1718, le comte d'Evreux à qui le roi avait donné un terrain, faubourg St-Honoré, fit bâtir un hôtel qu'il agrandit trois ans après. En 1785, son héritier vendit l'hôtel à Mme de Pompadour qui y vécut jusqu'à sa mort.

Après elle, la propriété en passa à son frère, le marquis de Marigny, qui la vendit au roi, celui-ci y plaça les joyaux de la couronne. En 1773, l'abbé Tevray, alors contrôleur des finances rendit l'hôtel au financier Beaujon et après la mort de Beaujon, en 1786, il fut acheté par la duchesse de Bourbon qui l'habita jusqu'en 1793. Depuis cette époque, l'Elysée a été considér. comme propriété nationale.

En 1800, il fut converti en lieu de plaisir, puis en 1804, il devint la résidence favorite de Napoléon 1er. En 1815, il fu habité par l'empereur de Russie et le duc de Wellington. En 1816, Louis XVIII y installa le duc de Berry. Ce fut aussi la résidence officielle de Napoléon III, quand il était président de la République et sert maintenant à loger le chef de l'Etat.

La cour d'honneur mène à l'entrée du palais, orné d'un portique de quatre colonnes doriques. Un large perron recouvert par une vérandah, donne accès dans un vestibule qui communique avec les appartements du rez-de-chaussée en commençant par la salle à manger.

Les murs de ces appartements sont peints par Dunousy et Vernet Les vues représentées sont : les Pyramides d'Egypte, le passage du Tibre, le chateau de Benrath et le chateau de Neuilly. Cette chambre donne accès dans la *salle de bal*, de construction récente dans la nouvelle aile du palais, avenue de Marigny. Retournant dans la salle à manger, une porte à gauche mene dans les appartements. La *salle de réception* servait à Napoléon Ier de chambre du Conseil. Il y a une splendide mosaïque représentant la carte de France en 1631. Puis vient la *Chambre de Napoléon Ier*. C'était sa chambre à coucher favorite et c'est là qu'il reposa pour la dernière fois après la bataille de Waterloo. Ensuite vient la *Salle des Souverains*, anciennement *Cabinet de travail* et où Napoléon Ier signa sa dernière abdication. Cette chambre est meublée en style Louis XIV avec tapisseries de Beauvais. Descendant un escalier, nous arrivons dans la chapelle souterraine construite par M. Eugène Lacroix et ornée de sculptures, de peintures et de mosaïques. Le *Salon des Quatre Saisons* fut la chambre à coucher de l'impératrice Marie-Louise. Ce palais a servi de residence à la reine Victoria en 1855 et à plusieurs souverains lors de leurs visites à Paris.

PALAIS DE L'HOTEL DE VILLE

Place de l'Hôtel de Ville. — *Historique :* En 1855, la municipalité de Paris acheta la *Maison de la Grève* qui avait appartenu à Philippe-Auguste et é ait devenue demeure royale et ce fut sur son emplacement que fut érigé l'Hôtel de Ville original, splendide palais dont le luxe pouvait rivaliser avec celui des Tuileries. En 1855, des fêtes magnifiques y furent offertes à la Reine Victoria et à l'Empereur d'Autriche. L'Hôtel de Ville fut brûlé par la Commune en 1871, ainsi que sa précieuse bibliothèque de 65.000 volumes. Il fut décidé qu'il serait promptement reconstruit. L'Hôtel de Ville, quoique pas encore terminé, fut ouvert avec grande pompe le 14 Juillet 1882. Il contient 363 chambres et salles. Ce qu'il y a de plus remarquable sur la façade principale est l'horloge ainsi que l'ornementation. Les deux statues ailées qui supportent la partie supérieure du cadran sont dues à Charles Garnier. La statue assise placée immédia-

tement au-dessous et représentant l'Hôtel de Ville est due à
M. Gautherin, les deux statues au bas de l'horloge sont par
M. Aimé Millet. On donne plu-ieurs séries de bals à l'Hôtel de
Ville.

La façade principale se divise en trois parties, les portes sont
sur celle du milieu qui forme un avant-corps. Un joli campanile
la surmonte. Les appartements ne sont pas encore complète-
tement terminés.

PALAIS DE L'INDUSTRIE

Aux Champs Elysées. — Ce palais fut bâti de 1852 à 1855 par
une société qui voulut imiter l'exemple de l'Angleterre après
l'Exposition Universelle de 1851 tenue à Londres, et aussi pour
fournir un abri permanent aux expositions quinquennales des
manufactures de France. Il appartient maintenant au gouvernement et l'on s'en sert pour le *Salon* annuel et pour les autres expositions de peinture, sculpture et aussi celles de produits
agricoles de France et des Colonies.

Extérieur. — Le plan de l'édifice est un vaste rectangle avec
deux pavillons au centre et quatre aux coins. Le pavillon central qui fait face aux Champs Elysées comprend l'entrée principale, arche élevée de 20 mètres sur 10 mètres de largeur. Elle
est flanquée de colonnes corinthiennes au-dessus desquelles
s'élève un fronton surmonté d'un magifique groupe par Robert,
représentant la France distribuant des Lauriers aux Arts et aux
Manufactures. La frise en-dessous, par Desbœuf, représente les
Arts et Manufactures apportant leurs produits à l'Exposition.
De chaque côté de cette entrée, deux étages de fenêtres en style
roman qui continuent tout le long de l'édifice, il y en a 593.

Intérieur. — Sauf les murs extérieurs, l'édifice simple et léger
est entièrement en fer et couvert de verre. Une nef centrale rectangulaire haute de 35 mètres, longue de 192 et large de 48,
est entourée de trois bas-côtés d'une largeur de 30 mètres et
formés par quatre rangées de colonnes de fer (288 en tout), qui
supportent une galerie spacieuse. Cette galerie, à laquelle un
double escalier à trois branches conduit, a 216 colonnes supportant les toits de la nef et des bas-côtés.

On a installé à titre provisoire dans un des pavillons un musée
des arts décoratifs dans le genre de celui de South Kensington
à Londres. Ce musée est ouvert à 10 heures du matin. Entrée
1 francs.

PALAIS DE L'INSTITUT

Quai Conti. Comprend deux parties distinctes : la Bibliothèque Mazarine et l'Institut de France. La façade forme un segment concave terminé aux extrémités par des pavillons munis d'arcades à leur base. Au centre est le hall où ont lieu les séances publiques.

La Bibliothèque Mazarine, dont nous avons déjà parlé (voir *Bibliothèques*) est située dans le pavillon de l'Est, sur l'emplacement de la célèbre Tour de Nesles. Dans l'aile gauche de l'Institut sera installé un musée de peinture et de sculpture.

L'Institut comprend le grand Hall où se tiennent les séances publiques. Cette salle magnifique est garnie de bancs formant un demi-cercle, devant lesquels sont les sièges et bureaux des président, secrétaires, etc. Statues de marbre de Bossuet, Descartes, Fénélon et Sully. Les caissons de la voûte sont par Baudoyer. Dôme circulaire surmonté d'une lanterne. La bibliothèque de l'Institut (carte d'entrée nécessaire) possède la fameuse statue de Voltaire par Pigalle. La salle des séances est séparée de la Bibliothèque par un vestibule contenant les bustes de Lafontaine, Racine, Corneille, Mollère, Poussin, Pascal, Rollin, Montesquieu et d'Alembert. L'Institut comprend : l'Académie française, l'Académie des Inscriptions et belles lettres, l'Académie des Sciences, l'Académie des Beaux-Arts et l'Académie des Sciences morales et politiques.

HOTEL DES INVALIDES

Cet édifice fut commencé en 1670 par Louvois ministre de Louis XIV et est à présent sous la direction du Ministère de la guerre. Les soldats estropiés, blessés ou ayant 30 ans de service peuvent y entrer. Il y a maintenant 700 invalides, officiers compris. On leur donne le logement, la nourriture et des habits. L'Hôtel peut contenir cinq mille pensionnaires. Tous portent le même un forme ; monter la garde dans l'hôtel constitue leur soul service. Une école modèle d'enfants de troupe y a été établie depuis 1875.

Intérieur. — L'hôtel est derrière une vaste terrasse dessinée comme un jardin et armée d'une quantité de canons pris à l'ennemi.

La façade de l'hôtel est longue de 204 mètres et divisée en quatre étages, on y compte trois pavillons, sur le pavillon central bas relief de Coustou représentant Louis XIV à cheval.

Statues de Mars et de Minerve par Coustou. La partie occidentale de l'hôtel sert maintenant de caserne à un régiment d'infanterie.

Chambre du Conseil. — Se trouve à l'Ouest de la Bibliothèque. Cette salle comprend outre des portraits de Louis XIV (Rigault), de Napoléon Ier (Ingres) et des gouverneurs de l'hôtel, une collection complète et dessinée des pavillons et drapeaux pris à l'ennemi depuis Henri IV jusqu'à nos jours, outre cela les bannières des principales villes de France. On y trouve aussi de nombreuses reliques relatives à la captivité de Napoléon à Ste-Hélène.

Salle des maréchaux. — Portraits par Vernier des maréchaux du premier empire. Sur un piedestal, statue de Louis XIV en bronze et dans une vitrine l'épée et le chapeau de Napoléon Ier.

Dortoirs — Premier et second étages. Douze chambres spacieuses portant les noms des guerriers les plus fameux.

Réfectoires et cuisines. — A gauche en entrant dans la cour d'honneur sont les deux grands réfectoires. Dans chacun trente tables rondes, chaque table peut recevoir douze couverts. Il y a aussi deux cuisines très curieuses, l'une pour les officiers, l'autre pour les Invalides non gradés. Remarquez l'énorme appareil qui sert à faire le café.

A droite de la Cour d'honneur se trouve le musée d'artillerie (voir *Musées*).

Galerie des plans et forteresses de France. — Collection de plus de 60 plans en relief des forteresses de France qui occupe trois galeries au 4e étage.

Musée ethnographique. — Très intéressant, il renferme des figures de bois et de cire représentant les types de toutes les nations en costume national.

Eglise. — L'église ancienne, séparée du Dôme par une grille élégante, se compose d'une longue nef et de deux bas-côtés supportant une galerie. Sous les vitraux, des drapeaux pris à l'ennemi sont rangés dans l'ordre chronologique. Les piliers ont des inscriptions de marbre à la mémoire des gouverneurs de l'hôtel, du duc de Coligny, du maréchal Saint-Arnaud. Deux tablettes de bronze portent les noms du maréchal Morier, de Damrémont, de Bugeaud et de Négrier. Le dôme est divisé en douze parties par douze appliques dorées, garnies de trophées et il est surmonté d'une lanterne avec une flèche, un globe et une croix, le tout à une hauteur de cent mètres.

L'intérieur de l'église est visible les lundis, mardis, jeudis et vendredis de midi à quatre heures en été et de midi à trois heures en hiver.

L'intérieur de la nouvelle église ou église du Dôme est circulaire avec quatre branches formant une croix grecque et s'étendant dans la direction des quatre points cardinaux. Entre les branches quatre chapelles circulaires et au milieu une balustrade circulaire aussi, entourant la crypte où est la tombe de Napoléon Ier. C'est au-dessus que s'élève le Dôme qui repose sur quatre arches sur lesquelles sont peints les portraits des quatre évangilistes par Delafosse et Lebrun. La frise intérieure est ornée de douze médaillons avec portraits. La coupole se termine par une corniche à travers de laquelle nous voyons la seconde coupole peinte par Delafosse : Saint Louis présentant son épée à Jésus-Christ entouré par ses anges. Cette fresque a quinze mètres de diamètre et contient plus de trente figures colossales. Le plafond au-dessus du maître-autel est peint par Coypel et représente l'assomption de la Vierge et la Trinité entourée d'anges.

Chapelles et Transepts. — Au-dessus des entrées des chapelles, bas-reliefs représentant des scènes de la vie de Saint Louis; au centre, tombe de Joseph, ancien roi d'Espagne, frère de Napoléon et dont les restes mortels furent transportés aux Invalides en 1814. Dans le transept voisin, monument à Vauban. Deux statues d'Etex représentant le Génie et la Prudence sont à côté du héros. Vient ensuite la Chapelle de Saint Ambroise, puis la Chapelle de Saint Grégoire. Dans le transept de l'ouest, monument élevé à Turenne, venant de Saint-Denis où il avait été enterré. La dernière chapelle contient la tombe de Jérôme ancien roi de Wesphalie, dernier frère de l'empereur et père du prince Napoléon. Vient ensuite un autel voisin d'un sarcophage où est renfermé le cœur de la reine de Westphalie, femme du roi Jérôme.

On monte au *maître-autel* par dix marches de marbre blanc, l'autel a un dessus de marbre noir surmonté de quatre colonnes en spirale qui supportent un dais de marbre aussi, le tout est doré.

Tombeau de Napoléon. — A l'entrée, deux sarcophages surmontés de colonnes corinthiennes avec chapiteaux à segments. Le premier contient les restes de Duroc, le secrétaire de l'Empereur, l'autre du maréchal Bertrand, tous deux ses fidèles compagnons à Sainte-Hélène. Une porte de bronze donne accès à la crypte, au-dessus, une plaque de marbre noir porte en lettres dorées les paroles suivantes qui viennent du testament de l'empereur : Je désire que mes cendres reposent sur le bord de la Seine, au milieu de ce peuple français que j'ai tant aimé.

Deux cariatides colossales en bronze par Duvet tiennent le globe, le sceptre et la couronne impériale. Une sombre galerie passant sous le maître-autel conduit à la crypte. Cette galerie est éclairée par des lampes funéraires en bronze et ornées de bas-reliefs. La crypte est pavée en mosaïque et porte au centre une couronne de laurier au dedans de laquelle sont inscrits les noms des victoires suivantes : Rivoli, Pyramides, Marengo, Austerlitz, Iéna, Friedland, Wagram et la Moscowa.

Douze statues colossales par Pradier, représentant aussi douze des victoires du grand capitaine sont adossées aux piliers et font face à la tombe qui consiste en un immense monolithe en porphyre rouge. Ce bloc couronne le sarcophage qui aussi est d'une pièce et repose sur des supports sous lesquels se trouve un bloc de granit des Vosges. La hauteur totale est de quatre mètres. Dans la galerie qui entoure la crypte, chapelle ardente, contenant l'épée que l'Empereur porta à Austerlitz, les insignes qu'il portait dans les grandes cérémonies, la couronne d'or offerte par la ville de Cherbourg et les drapeaux pris dans les grandes batailles. A l'autre extrémité de la chapelle, statue de l'Empereur due au ciseau de Simart. Cette chapelle n'est pas publique et est fermée avec une grille dorée. On doit s'adresser au ministre de la guerre si l'on veut obtenir la permission de la visiter. On ne peut voir la crypte que de la balustrade circulaire qui se trouve au-dessus.

Dans une voûte au-dessous sont déposés les corps du maréchal Mortier et des quatorze autres victimes de l'attentat de Fieschi. L'Hôtel des Invalides est visible tous les jours de onze heures du matin à trois heures et demie.

PALAIS DE JUSTICE

Les fondations de cet édifice situé boulevard du Palais dans la Cité, sont aussi vieilles que celles du Palais des Thermes. C'était un palais bien avant l'invasion des Francs et les rois de la première et de la troisième race y résidèrent jusqu'au commencement du quinzième siècle. Une de ses plus grandes salles, appelée la *Grande Salle du Palais*, fut détruite par un incendie en 1618! Il y avait dans cette salle une immense table de marbre dont on se servait dans les banquets royaux et qui à d'autres époques servait de théâtre aux élèves du palais appelés élèves de la Basoche. C'est là que furent joués les principaux mystères et les farces dont parle Victor Hugo dans Notre Dame de Paris. En 1776 un incendie éclata dans les bâtiments voisins de la Sainte-Chapelle et les détruisit complètement. En 1871, les incendiaires de la Commune firent de plus grands ravages encore.

Extérieur. — La façade sur le boulevard du Palais consiste en un corps de bâtiment et deux ailes qui comprennent la cour séparée de la rue par une grille de fer forgé, dorée et décorée richement. Une seconde cour donne accès à la Sainte Chapelle et à l'emplacement de la Préfecture de police qui fut brûlée en 1871 et rebâtie partiellement depuis lors. Au nord, le style de l'édifice change petit à petit et après le gothique, nous retrouvons la Renaissance italienne. Sur la Seine plusieurs tours massives dont la plus célèbre est appelée Tour de l'Horloge. Cette aile continue le long du quai de l'Horloge et se termine par une tour carrée appelée la *Tour de César*, à côté de laquelle se trouve la *Tour Bourbée* qui donne accès dans la Conciergerie. Vient alors une troisième tour couronnée de créneaux et où le feu fut allumé par les émissaires de la Commune. Cette portion appartient aussi à la Conciergerie. La splendide horloge qui orne le côté du palais qui fait face au quai aux Fleurs fut replacée là en 1852. Charles V l'avait fait construire en 1307, ce fut la première grande horloge qu'on ait vue à Paris. Les décorations furent finies en 1653 et Louis XIV la pourvut de rouage du temps qui maintenant ont été remplacés par un mécanisme très perfectionné, ouvrage du célèbre horloger Lepaute. Dans la principale cour on faisait jadis subir aux criminels le supplice du pilori ou du carcan qui fut aboli en 1818.

Intérieur. — Dans le vestibule après avoir gravi le grand escalier, nous voyons à notre gauche une porte donnant accès à l'étage supérieur de la Sainte Chapelle. (*Voyez Églises*).

La Salle des Pas perdus. — Construite par Desbrosses en 1622 fut brûlée par la Commune, mais reconstruite depuis. C'est une longue salle ou plutôt un corridor rectangulaire avec toit de verre et orné des statues des grands jurisconsultes français. Le Palais de Justice comprend la Cour d'Assises qui est derrière la Cour de Cassation, la Cour d'Appel, les tribunaux de première instance, la Chambre des requêtes et les tribunaux correctionnels. Une statue de Saint Louis est adossée au mur de l'une des tours. Ce fut dans cette tour que le Parlement aussitôt après avoir reçu le testament de Louis XIV le fit machiner pour empêcher sa mise à exécution. A *droite*, la grande cour donne accès à la conciergerie.

Conciergerie. — C'est la partie la plus intéressante du vieux palais à cause de ses souvenirs historiques relatifs à la Révolution française. C'était la prison du palais du roi et son nom dériva de ce que le geôlier en chef était en même temps le concierge du palais. On peut visiter la chambre dans laquelle Marie Antoinette fut emprisonnée, ainsi que la grande chambre (la Chapelle actuelle) dans laquelle les Girondins se firent leurs adieux avant de marcher au supplice. Madame El... beth et Robespierre furent aussi enfermés à la Conciergerie.

Cuisines de St-Louis. — Un étroit corridor mène à des salles du sous-sol de la Tour d'Argent. Ces salles servaient de cuisines dans les premiers temps de la tro sième race et St-Louis les fit aménager et réparer. C'est dans une de ces salles qu'il enfermait son trésor. C'est une chambre assez haute avec voûte garnie de fer. D'une des fenêtres on voit un escalier qui conduit à la Seine et qui est fermée par une lourde grille. On peut visiter la prison en demandant un billet cour de Harlay au bureau des prisons.

Pour la Sainte-Chapelle (voir les *Eglises*).

PALAIS DE LA LÉGION D'HONNEUR

Ce palais situé rue de Lille a été reconstruit après avoir été presque entièreme t dévoré par les flammes pendant la Commune de 1871. L'ancien palais fut bâti en 1786 d'après les plans de Rousseau pour le prince de Salin dont il porta le nom. Ce prince ayant été guillotiné en 1703, son palais fut mis en loterie et gagné par un coiffeur. En 1803 il fut racheté et affecté à la Légion d'honneur récemment créée. Le centre est occupé par une chambre circulaire qui a treize mètres de diamètre. Au sud, se dresse la façade principale donnant sur la rue de Lille, elle est de style ionique et on y a accès par une cour également ionique.

PALAIS DU LOUVRE

Historique. — On croit que Louvre vient du mot Lupara qui signifie Louverie, les loups y étaient en effet communs dans les bois qui occupaient alors l'emplacement actuel du palais. Les derniers mérovingiens y établirent un rendez-vous de chasse et on continua à en faire cet usage jusque bien longtemps après. Comme l'on sait, avant Charles V, l'emplacement du Louvre était en dehors des murailles ou fortifications de Paris. Philippe Auguste bâtit une forteresse dont on peut encore voir le périmètre dans une des cours du Louvre, cette forteresse servit non seulement de château-fort mais aussi de prison et plusieurs captifs illustres y subirent leur détention. Lors des travaux que la Ville de Paris fit faire en 1866 elle ordonna la mise au jour des fondations de la vieille forteresse afin de fixer des points d'histoire douteux.

Charles V perfectionna beaucoup le Louvre et le renferma dans les murs de Paris. Il y plaça sa bibliothèque et dès lors le Louvre changea de destination et de forteresse devint palais. Il était cependant condamné à disparaître. François 1er fit démolir le vieux château et ordonna à Pierre Lescot, son architecte, de bâtir un palais digne du Roi de France. Le Louvre avança doucement et François 1er n'en put voir la fin quoiqu'il mourut vingt ans après le commencement des travaux.

Le Louvre ou du moins ce qu'on appelle le vieux Louvre ne fut terminé qu'après la mort de Henri II. Catherine de Médicis alors étendit les murs du Sud et commença le palais des Tuileries. Henri IV ajouta une aile aux Tuileries et conçut le projet de joindre les deux palais ensemble et de n'en faire qu'un, mais la mort vint l'empêcher de mettre son projet à exécution et son successeur ne fit que peu travailler au palais. Louis XIV au contraire ordonna à Claude Perrault de bâtir la Colonnade du Louvre et il compléta la cour du Nord, c'est-à-dire les côtés qui, partant du vieux Louvre, font face à la rue de Rivoli. Au dix-huitième siècle on ne fit que peu de progrès ; mais Napoléon commença le nouveau Louvre. C'est à lui que sont dues presque toutes les améliorations faites à l'intérieur.

Les travaux continuèrent jusqu'en 1814 et depuis lors on n'y travailla plus jusqu'à l'avènement de Napoléon III. En 1852 les travaux furent repris et marchèrent très rapidement. C'est à ce souverain que revient l'honneur d'avoir opéré la jonction du Louvre et des Tuileries.

Nous voyons souvent cette expression : Le vieux Louvre; il comprend la cour carrée qu'on appelle la cour du Louvre. C'était dans le coin sud-ouest de cette cour qu'était la vieille tour ou prison bâtie par Philippe-Auguste et restaurée par Charles V. Son périmètre est marqué par une ligne de pavés et ses fondations sont encore parfaitement intactes. Le projet de Henri IV de réunir le Louvre et les Tuileries ne comprenait que le côté du Sud, faisant face à la rivière, car entre les deux palais on construisit en 1604 l'hôtel de Rambouillet où se réunissaient les beaux esprits d'alors. Personne n'avait songé à réunir le Louvre et les Tuileries par les deux côtés.

Les Tuileries étant complètement démolies nous laisserons pour plus tard le Pavillon de Flore et *commencerons par la galerie* qui fait face à la Seine. Cette construction a été complètement restaurée, elle est du style renaissance et divisée en trois corps de bâtiment qui sont séparés par deux pavillons carrés surmontés d'un campanile et nommés l'un le pavillon *Lesdiguères* et l'autre le *Pavillon de la Trémoille*.

Le centre est traversé par trois larges voûtes qu'on appelle les guichets des Saints-Pères et qui donnent accès sur la place du Carrousel. (Voir *Places*).

Traversant la place du Carrousel, nous retrouvons les trois voûtes identiques dans l'aile du Nord qui fut bâtie par Napoléon Ier. Le pavillon qui fait pendant au pavillon Lesdiguères, et qui du reste lui est entièrement semblable, est le *pavillon de Rohan* ; ici commence le *Nouveau Louvre*. — Son plan général comprend deux corps de bâtiments latéraux réunis par un autre qui les coupe à angle droit pour former les limites de la place du Carrousel. Leur façade est de 140 mètres et est coupée par trois pavillons somptueux.

L'espace compris entre les deux pavillons du coin est de 125 mètres. Deux jardins entourés de grilles de fer occupent le centre des bâtiments. Les vieilles galeries et les pavillons sont réunis par de spacieux portiques avec arches, sculptés avec art, ayant la façade garnie de colonnes corinthiennes, de balcons sculptés et de petites terrasses à la hauteur du premier étage. C'est sur ces terrasses que sont placées les statues des hommes les plus illustres de France. La façade du vieux Louvre a été mise en harmonie avec les nouveaux bâtiments, son pavillon central autrefois appelé pavillon de l'Horloge porte maintenant le nom de *pavillon de Sully*.

Le premier étage du bâtiment qui séparait les deux cours du coté de la rue de Rivoli, contenait la bibliothèque du Louvre a été incendiée par les émissaires de la commune en 1871.

Au premier étage du bâtiment transversal est la vieille *salle des Etats*, où eut lieu l'inauguration du nouveau Louvre en 1857, quelques pas mènent maintenant le visiteur au vieux Louvre.

Vieux Louvre. — Commençons par la colonnade, pour cela traversons la cour et venons nous placer sur la place du Louvre près de l'église St-Germain-l'Auxerrois. La colonnade, œuvre de Perrault, se compose de cinquante-deux colonnes corinthiennes accouplées avec autant de piliers. Le frontispice représente Minerve couronnant Louis XIV et l'histoire y inscrit la dédicace ordinaire des monuments de cette époque : *Ludovico Magno*.

Devant la colonnade, deux petits squares plantés avec soin.

Tournant du côté de la Seine, nous pouvons contempler le pavillon Henri IV où se trouve la galerie d'Apollon. Nous prenons alors sous le passage et nous nous trouvons dans la cour du vieux Louvre, continuant tout droit jusque dans la rue de Rivoli, nous pouvons contempler la façade bâtie par Louis XIV qui a beaucoup de rapports avec la colonnade.

La cour intérieure du Louvre comprend le pavillon de Sully sculpté par Pierre Sarrazin. Parmi les pavillons remarquables il faut noter le Pavillon Turgot avec cariatides de Cuvier et le pavillon Richelieu, par Duret. On peut visiter les débris du vieux Louvre, de Philippe-Auguste, tous les lundis, s'adresser pour cela au gardien du pavillon de Sully.

Pour la description des collections du Louvre, voyez aux *Musées*.

PALAIS DU LUXEMBOURG.

Ce palais fut bâti pour Marie de Médicis en 1612 par l'architecte Jacques Debrosse sur le modèle du palais Pitti à Florence. on l'appela alors le palais Debrosse. Il fut ensuite légué à Gaston d'Orléans, second fils de Marie de Médicis et fut alors appelé le palais d'Orléans. En 1795, le Directoire y tint ses séances et il fut nommé palais du Directoire. Quand Bonaparte arriva au pouvoir il fut consacré aux Consuls et peu après servit aux séances du Sénat qui y siéga jusqu'à sa dissolution en 1814, quand la Chambre des pairs fut créée. En mars et avril 1848, Louis Blanc y tint des réunions socialistes. En 1852, il reprit son ancienne destination ainsi que le nom de palais du Sénat qu'il a conservé depuis.

Extérieur. — La cour forme un parallélogramme de cent vingt mètres de long sur cent de large. La façade sur la rue de Vaugirard se compose de deux grands pavillons réunis ensemble par des terrasses au centre desquelles s'élève une coupole entourée de statues. Le *Pavillon de l'Horloge* est orné de figures allégoriques hautes de deux mètres : l'Eloquence, la Justice, la sagesse, la Prudence, la Guerre et la Paix, toutes par Pradier.

Intérieur. — En entrant dans le palais, nous trouvons dans la première salle, appelée *salle des Gardes*, plusieurs belles statues représentant des célébrités grecques et romaines ; vient ensuite la *salle d'attente* dont le plafond par Jadin représente l'*Aurore*. Les murs du salon voisin sont couverts de fresques représentant Charles IX recevant les clefs de Paris du chancelier de

l'Hospital qui refuse de participer au massacre de la St-Barthélemy, par Caminade, *St-Louis*, par Flandrin. *Louis XIII* et
Rich lieu, par Cabanel, *Charlemagne* dictant ses capitulaires,
par Bouchet, le plafond, par Decaine, représente l'Union, la
Force et l'Abondance.

La salle suivante est la *Salle des pas perdus* anciennement
salle du Trône.

Salle du Trône. — Formée par la réunion de deux anciennes
salles et de la *Salle des Conferences*. Une porte à droite conduira le visiteur dans la *Galerie des Bustes* qui est parallèle à
la salle des pas perdus, elle est remplie des bustes des grands
généraux et hommes d'Etat du premier empire.

La Salle du Sénat où nous entrons maintenant fut détruite
par le feu le 28 octobre 1850, mais elle a depuis été restaurée.
Elle est semi circulaire et couverte par une voûte hémisphéri-
que peinte en compartiments par Abel de Pujol et contenant des
allégories de la Loi, la Justice, la Sagesse et le Patriotisme.
Dans un creux semi circulaire sont les sièges du Président et
des secrétaires. De chaque côté grands tableaux représentant
l'un Louis XI et le Dauphin recevant les députés de Paris, et
Philippe de Valo s complimenté par les pairs pour les réformes
qu'il a accomplies. Ces deux tableaux sont par Blondel. Aux
coins, niches élevées contenant les statues de Charlemagne et
de Saint Louis. Descendons au rez-de-chaussée et voyons les
appartemements royaux qui s'y trouvent.

Chambre de Marie de Médicis. — Ces appartements se compo-
saient d'abord de trois chambres. La première chambre dans
laquelle nous entrons était la *Salle d'attente*. Vient ensuite la
Chambre à coucher de Marie de Médicis. Splendide appartement
décoré avec tout le luxe de ce temps. Les panneaux sont dorés
richement et divisés en compartiments peints par Philippe de
Champagne. A droite, portraits des membres de la famille des
Médicis, à gauche portraits des Bourbons. Aussi quatre tableaux
de Rubens.

Chapelle du Palais. — Sortant de cette dernière chambre, nous
pénétrons dans le vestibule et entrons dans la chapelle, de style
dorique recevant la lumière par quatre vitraux donnant dans
la cour. Le plafond est décoré de la manière la plus riche. Dans
une niche, vis-à-vis de l'autel, groupe par Jaley représentant
un ange et deux enfants et les bénitiers sont fixés à des piédes-
taux de marbre richement sculptés. Il faut une permission pour
voir les grands appartements et la Chapelle.

Galerie des Arts Modernes. — Cette galerie a été transférée dans l'orangerie, elle était avant 1886 dans le Palais même, mais l'installation des annexes du Sénat força à prendre ces mesures. L'orangerie a été très agrandie et ne reçoit que des tableaux d'artistes vivants. Après leur mort leurs œuvres sont transportées au Louvre. Le public est admis dans la galerie par un corridor élevé aboutissant à la rue de Vaugirard vis-à-vis de la rue. La galerie consiste en un long bâtiment avec salle pour la sculpture et pour les tableaux et les dessins. (Voir *Musées*).

Jardin. — Le jardin comprend un jet d'eau au centre avec des plates-bandes tout autour, formant une figure octogonale et entourée de balustrades. Le jardin est ombragé par des marronniers légendaires. Des perrons larges et beaux descendent des terrasses dans la partie centrale qui est ornée de nombreuses statues de marbre antiques et modernes et de copies, comme Diane Chasseresse et l'Athlète. A l'est du jardin, belle fontaine construite par Catherine de Médicis sur les plans de Jacques Debrosse, elle est surmontée d'une niche contenant un groupe : Polyphème découvrant Acis et Galathée. Derrière cette fontaine et faisant face à la rue, beau bas relief par Valois représentant Jupiter et Léda. Dans le parterre adjacent, beau groupe de marbre de Garraud représentant Caïn et sa famille après la mort d'Abel. Plus loin au nord est une grande orangerie dans laquelle on donne des conférences gratuites sur la greffe et l'écussonnage des plantes. Il y a aussi une collection de plus de cinq cents espèces de vigne apportées de l'étranger.

HOTEL DES MONNAIES

L'Hôtel des monnaies fut installé en 1775 dans le présent hôtel érigé sur l'emplacement de l'hôtel de Conti d'après les dessins et plans d'Antoine. Le musée comprend une collection énorme de monnaies de France et de l'Etranger, classées par ordre chronologique, ainsi que les médailles frappées pour de grands événements comme mariages, victoires. La médaille ancienne la plus digne d'attention est une monnaie frappée sous Charlemagne. On trouve aussi des médailles de Charles VII, Louis XII, Henri VIII, François Ier, Ignace de Loyola, Marie Stuart, Sixte Quint et le Cardinal de Richelieu. Splendide médaille frappée en 1630 par Varin.

Descendant graduellement à la période contemporaine, le visiteur trouvera des médailles frappées pour perpétuer le souvenir de tous les événements importants des dernières années. Devant les fenêtres, plus petites vitrines contenant des monnaies japonaises, indiennes et chinoises, il y a une pièce de monnaie chinoise qui date de l'an 1700 avant Jésus-Christ. La pièce de monnaie anglaise la plus intéressante est un penny d'argent du temps de Guillaume le conquérant, la pièce Espagnole la plus digne d'admiration date de 606. Le cinquième rang à partir de l'entrée comprend toute la série des monnaies françaises depuis les Gaulois jusqu'à nos jours.

Remarquer aussi les étalons des poids et des mesures et des instruments perfectionnés pour la frappe des monnaies. Dans la chambre voisine, instrumnents et collection complète contenant tout ce qui est necessaire pour finir complètement une pièce de monnaie. Remarquer la *galerie numismatique* qui possède la collection des rois de France, ouvrage exécuté avec une rare perfection. La dernière salle est appelée *salle Napoléon*, c'est dans cette salle que sont rangées toutes les médailles frappées sous le Consulat et l'Empire ; splendide buste en marbre de l'Empereur exécuté en 1806 pour Fouché par le célèbre sculpteur Canova. Modèle de bronze du moulage pris sur la figure de l'Empereur à Ste-Hélène vingt heures après sa mort et réduction de la colonne Vendôme aussi en bronze.

Dans la première salle du haut nous trouvons les sceaux de l'Etat, depuis le roi Dagobert jusqu'à la troisième République et aussi ceux des grands vassaux, anciens feudataires de la couronne. La galerie du grand salon est consacrée aux particuliers, il faut y observer les effigies de Madame de Staël, Madame de Genlis et lord Byron ; Dans les galeries suivantes, belle collection de médailles représentant des souverains et des personnages historiques ainsi que les bustes de Diane du Poitiers, d'Henri IV, de Louis XIII, de Marie Thérèse d'Autriche.

Spécimens de métaux et de minéralogie. Un catalogue avec description détaillée des médailles se vend trois francs.

C'est dans cet hotel qu'on frappe toutes les monnaies de France, excepté les monnaies de cuivre qu'on frappe en grande partie dans les monnaies des départements. Les machines à balanciers sont très curieuses mais ne sont pas publiques. Il faut être muni de cartes pour être admis à les visiter et seulement les mardis et vendredis de midi à trois heures.

Les autres collections sont ouvertes tous les jours. S'adresser pour les billets à M. le Président de la commission des monnaies et médailles à l'hotel des Monnaies.

PALAIS ROYAL

Historique. — Le Palais Royal qui fut il y a quelques années
le centre et le rendez-vous du Paris élégant, est bien déchu de
son ancienne splendeur, ce qui, néanmoins, ne l'empêche pas
d'être encore une curiosité très remarquable tant au point de
vue de l'architecture qu'à celui des richesses qu'il contient. Sur
cet emplacement s'élevait jadis un hôtel situé en dehors des
murs de la Ville, cet hôtel fut démoli et rasé en 1626 par le cardinal de Richelieu qui y éleva le *Palais Cardinal* sur les plans
de *Lemercier.* Peu de temps avant de mourir Richelieu fit présent de son palais à Louis XIII qui peu de temps après la mort
de son ministre alla s'y installer lui même. Il prit alors le nom
de Palais Royal. Après la mort de Louis XIII en 1643, Anne
d'Autriche, sa veuve, y résida avec le jeune roi Louis XIV pendant toute la fronde. En 1692 il fut donné par Louis XIV à son
neveu Philippe d'Orléans qui fut plus tard le Régent. En 1703
le théâtre construit par le cardinal de Richelieu fut détruit par
le feu et à cette occasion toute la façade du Palais y compris
les deux ailes fut rebâtie par Moreau Cependant les dettes du
duc d'Orléans étaient devenues si considérables qu'il ne fut pas
éloigné de faire banqueroute et pour augmenter ses revenus il
suivit l'avis du frère de Madame de Genlis et fit construire tout
autour du jardin des boutiques et des endroits de plaisir. On
les commença en 1781 sur les plans de l'architecte Louis, les
galeries qui sont encore dans le même état qu'alors furent finies
en 1786. Ce plan réussit et grâce aux loyers fabuleux que le
prince retira de ses galeries il put en peu de temps désintéresser
tous ses créanciers Le Palais Royal fut alors très populaire et
bien des insurrections y furent fomentées par Camille Desmou-
lins et autres. En 1703 après la mort de Philippe Egalité sur
l'échafaud, le Palais Royal fut confisqué et on y installa encore
des boutiques, des cafés et d'autres endroits de plaisir et d'a-
musement. Le Palais fut pris et dévasté par la foule le 24 février
1848 et devint l'année suivante le rendez-vous des membres du
parti Républicain. Après le rétablissement de l'Empire il fut
assigné au prince Jérome comme résidence et après sa mort au
prince Napoléon qui l'habita jusqu'à la chute de l'Empire. La
commune l'incendia en 1871 il et fut restauré et sert depuis lors
au Conseil d'Etat.

Sur la place du Palais Royal, la façade est d'ordre dorique
comme la plupart des monuments érigés à cette époque, elle
n'offre du reste rien de bien remarquable. La cour est Renaissance.

Le jardin formant un rectangle de 200 mètres de long sur 100 de large est entouré par les galeries Beaujolais, Montpensier, de Valois et du Jardin. Il est planté de tilleuls et deux grandes plates-bandes sont placées de chaque côté d'un vaste bassin circulaire muni d'un jet d'eau.

Les boutiques sous les arcades sont parmi les plus belles de Paris. Au premier étage se trouvent de nombreux restaurants. Beaucoup de maisons de jeu étaient en plein fonctionnement mais elles ont été supprimées. Sous le péristyle Joinville au coin Nord-Ouest est l'entrée du théâtre du Palais Royal. Le meilleur moment pour voir le Palais Royal est le soir alors que les jardins et les boutiques illuminés à giorno regorgent de monde.

PALAIS DU QUAI D'ORSAY

Ce superbe palais commencé par Napoléon 1er, continué en 1830 et terminé par l'architecte Lecorday sous Louis-Philippe, servait à la Cour des Comptes et au Conseil d'Etat. La Commune y fit mettre le feu et actuellement il n'en reste plus qu'une ruine énorme qu'il est du reste question de démolir.

PALAIS DES THERMES

Le Palais des Thermes, ancienne résidence du gouverneur des Gaules servit aussi aux rois de la première et de la seconde dynastie. Ce fut dans ce palais que se trouvait Julien l'Apostat quand il fut proclamé empereur; un décret rendu en 1183 le désigne par son nom actuel. Tout ce qui reste de ce palais est une vaste salle avec un plafond voûté et ses dépendances. C'était autrefois la salle des bains froids.

Par un large creux à droite en entrant, on pénètre dans la piscine. Dans le mur opposé à la piscine est une niche avec des tuyaux destinés à amener l'eau et communiquant avec un conduit souterrain découvert en 1857 et qui faisait écouler les eaux de rebut dans la rivière.

La maçonnerie se compose de grandes pierres carrées placées alternativement et recouvertes d'une couche de ciment large de cinq ou six centimètres.

L'épaisseur des murs est tout à fait surprenante. De ce hall, pénétrer dans une petite chambre qui donne accès dans les caves qui ne peuvent être visitées qu'avec un guide, cette chambre qui n'a plus que des murs est dépourvue de son toit et était autrefois le tépidarium ou salle de bains chauds. Les niches qui contenaient les tuyaux sont encore visibles. Dans un coin, escalier qui conduit au boulevard St-Michel et près de cet escalier, porte qui donne dans l'hypocausium, ou chambre basse qui contenait les appareils pour faire chauffer l'eau.

Ce monument intéressant a pendant de longues années servi d'atelier, jusqu'à ce que la municipalité de Paris l'ait acheté pour en faire une annexe du musée de Cluny. Le hall qui existe encore est rempli de sculptures romaines qui ont été déterrées dans les environs. On peut visiter tous les jours le palais des Thermes.

TRIBUNAL DE COMMERCE

Ce magnifique édifice est situé boulevard du Palais, dans l'île de la Cité, vis-à-vis du Palais de justice. Il est décoré richement et appartient au style de la Renaissance.

Cet édifice fut construit de 1863 à 1866, c'est un grand bâtiment quadrangulaire au milieu duquel est une belle cour vitrée. Dans cette cour, deux portiques placés l'un au-dessus de l'autre. Le grand escalier mène aux salles d'audience situées au premier étage. Cet escalier est elliptique et situé sous la coupole qui est au-dessus du centre du bâtiment.

TROCADÉRO

Le plateau élevé faisant face au pont d'Iéna et au Champ de Mars, était autrefois le jardin d'un couvent et resta pendant longtemps un terrain vague.

Depuis l'exposition de 1878, les pentes ont été transformées et un perron monumental a été construit pour donner accès à la terrasse, mais cet escalier a été démoli et remplacé par une cascade qui descend vers la Seine en alimentant sur son parcours huit bassins qui sont tous pourvus de jets d'eau. Le balcon est orné de six statues représentant les cinq parties du monde, la sixième statue est l'Australie. Le bassin principal est entouré de quatre groupes d'animaux en bronze, de dimensions colossales. De ce point, partent de longues avenues qui rejoignent le bois de Boulogne en passant par les Champs-

Elysées, Passy et l'Arc-de-triomphe. Le pavillon central du Palais du Trocadéro forme un immense amphithéâtre qui a une circonférence de plus de cent cinquante mètres et dont on se sert pour des concerts, des fêtes et des cérémonies publiques. Le style de l'architecture est byzantin. Les deux hautes tours à balcons carrés lui donnent un certain air de hardiesse, mais l'œil s'y habitue par degrés et l'on peut alors apprécier les réelles beautés du monument et le talent de l'architecte. Des deux côtés du palais sont des colonnades qui forment avec le palais une ligne qui a la forme d'un demi ovale et qui se terminent de chaque côté par un joli pavillon mauresque.

Dans une des galeries on a ouvert un musée ethnographique et le reste de l'intérieur, outre les grandes salles qui servent pour les concerts, est aménagé pour recevoir des musées. Le jardin au sud du Palais contient beaucoup de plantes rares et étant bien à l'abri du vent, on y jouit en général d'une température très agréable. Sous le jardin on a établi un grand aquarium dont l'entrée est dans la grande avenue parallèle à la Seine. C'est une grotte circulaire d'une circonférence d'environ deux cents mètres ornée de fougères et autres plantes grimpantes. L'exposition de 1878 fut en partie construite sur les terrains du Trocadéro.

PALAIS DES TUILERIES

Ce palais maintenant totalement démoli appartient trop à l'histoire de Paris pour que nous n'en donnions pas une esquisse.

Le vieux palais tirait son nom de ce fait que sur son emplacement une fabrique de tuiles ou tuilerie avait existé pendant longtemps. En 1518 François 1er acheta le terrain et le donna à sa mère Louise de Savoie qui le légua à Catherine de Médicis. Cette dernière commença la construction du Palais qui devait dans sa pensée lui servir de résidence. Philibert Delorme et après lui Jean Bullaut furent ses architectes. Delorme bâtit le pavillon du centre et ses deux ailes, Bullaut bâtit les pavillons qui se trouvaient aux extrémités des ailes, mais très peu du palais original restait debout quand l'incendie éclata, car au dix-septième siècle sous prétexte que des réparations étaient nécessaires le cachet des Tuileries fut complètement changé et altéré. La partie du palais qui fut construite pendant le seizième siècle est précisément celle qui fut brulée. Henri IV bâtit à gauche le pavillon de Flore qui donne sur la Seine devant le Pont Royal et l'étendit jusqu'à l'extrémité de la partie construite par Bullaut, il construisit aussi toute la partie parallèle à la

Seine. A droite Louis XIV bâtit le pavillon de Marsan qui donne sur la rue de Rivoli près de la place de Rivoli où se trouve la statue de Jeanne d'Arc et joignit le pavillon de l'extrémité droite également construite par Bullaut. Rien ne fut alors ajouté aux Tuileries jusqu'au règne de Napoléon Ier. Pendant deux siècles ce palais fut habité provisoirement et toujours pour peu de temps par les rois de France. Louis XV l'habita pendant son enfance et Louis XVI ne s'y fixa qu'en 1789. Tout l'intérieur fut restauré ou rebati depuis le commencement du siècle. Napoléon Ier commeuça, comme premier Consul, il avait choisi les Tuileries pour y résider et il continua quand il fut Empereur. Louis XVIII et Charles X vécurent aussi aux Tuileries. Louis Philippe en arrivant au trône en 1830 continua les travaux de restauration à l'intérieur. Ils furent finis par Napoléon III qui résidait habituellement dans le Palais. Les appartenents particuliers, ceux de l'Empereur et de l'Impératrice étaient au rez-de-chaussée près du Pavillon de Flore. De l'autre côté, près du Pavillon de Marsau, les appartements du rez-de-chaussée étaient destinés aux chambellans et au grand aumônier. Au premier étage étaient les appartements de réception.

PLACES

Place de la Bastille. — Occupe l'emplacement de l'ancienne forteresse prise par le peuple de Paris le 11 juillet 1789. Au milieu, colonne de Juillet, surmontée du génie de la Liberté. Cette place se trouve à la fin des grands boulevards.

Place de la Bourse. — Entre la rue Vivienne, d'une part, et la rue Notre-Dame-des-Victoires, de l'autre. Au milieu, la Bourse.

. *Place du Carrousel*. — Entre l'ancien palais des Tuileries et le Louvre. Cette place tire son nom d'un grand tournoi qui y fut tenu par Louis XIV en 1662. Admirer à gauche du côté du Louvre, le monument de Gambetta et à droite l'Arc-de-Triomphe dit Arc-de-Triomphe du Carrousel.

Place du Châtelet. — Sur l'emplacement du grand Châtelet, qui pendant des siècles, servit de cour de justice et de prison. Au milieu de la place, belle fontaine. Sur les côtés, théâtre du Châtelet et vis-à-vis, théâtre des Nations, occupé actuellement par l'Opéra-Comique

Place de Clichy. — A la rencontre des boulevards de Clichy et des Batignolles, c'est sur cette place que se trouvent situés les Grands Magasins de la place Clichy. En face statue du maréchal Moncey

Place de la Concorde. — Cette place était encore sous le règne de Louis XV, un terrain vague ; après la paix d'Aix-la-Chapelle, la municipalité de Paris obtint la permission d'établir un square sur cet emplacement et d'y élever une statue au roi.

On renonça bientôt à y planter des arbres et les travaux menés par l'architecte Gabriel furent terminés en 1772.

Les beaux groupes de marbre blanc par Couston, représentent des chevaux emportés. Ils furent apportés de Marly ; ceux du côté opposé sont l'œuvre de Coysevox et représentent des dragons luttant La place est entourée de balustrades qui sont terminées par les statues des principales villes de de France.

Obélisque de Louqsor. — Au centre de la place de la Concorde se dresse l'Obélisque de Louqsor qui était érigé devant le temple de Thèbes. Il date de Rhamsés plus connu sous le nom de Sésostris. Ce monolithe fut donné à la France par Méhemet Ali, vice-roi d'Égypte, il est taillé dans du granit rougeâtre et couvert de chaque côté par trois lignes d'hiéroglyphes qui rappellent la gloire de Sésostris. Il y a seize cents caractères ; il est légèrement fendu au haut, mais cette fente a été bouchée par les Égyptiens eux-mêmes.

L'obélisque mesure 22 mètres 83 centimètres. Son piédestal est un bloc de granit gris. Sur les côtés du piédestal on a gravé la description des machines qui servirent à transporter cet énorme bloc de pierre.

Place Daumesnil. — Avenue Daumesnil et boulevard Daumesnil. Ancienne fontaine du Château-d'eau.

Place Dauphine. — Derrière le Palais de justice, donnant sur la Seine.

Place Denfert-Rochereau. — A la rencontre du boulevard Arago et du boulevard d'Enfer Y remarquer le lion de Belfort, par Bartholdi.

Place des Etats-Unis. — Avenue d'Iéna, ainsi nommée à cause de la réduction de la statue de Bartholdi: La liberté éclairant le monde qui est placée au centre.

Place de l'Etoile. — Au milieu de cette place se trouve l'Arc-de-Triomphe de l'Etoile. Elle sert de point de départ à douze avenues.

Place de l'Europe. — A la rencontre des rues de Berlin, de Londres, de St-Pétersbourg, de Constantinople, de Madrid et de Vienne ; grand pont de fer passant au-dessus du chemin de fer de l'Ouest.

Place François Ier. — Au bout de la rue Bayard. Belle fontaine.

Place de l'Hotel de Ville. — Anc'enne place de grève, rue de Rivoli. C'est sur cette place que le gibet était dressé en permanence.

Place d'Italie. — A la jonction du boulevard de la Gare et de l'Hôpital.

Place Ledru-Rollin. — A la rencontre du boulevard Voltaire et de l'avenue Parmentier. Statue de Ledru-Rollin.

Place Louvois. — Rue de Richelieu. Jolie fontaine.

Place du Louvre. — Entre la colonnade du Louvre et l'église St-Germain-l'Auxerrois.

Place de la Madeleine. — A l'extrémité du boulevard de la Madeleine, au milieu on voit l'église de ce nom.

Place Malesherbes. — Ornée de plates bandes et d'un jet d'eau, elle trouve à la jonction de l'avenue de Villiers et du boulevard Malesherbes.

Place de la Nation. — Ancienne place du Trône au bout de la rue du faubourg St-Antoine. Au centre, bassin énorme et statues de St-Louis et de Philippe-Auguste.

Place de l'Opéra. — Traversée par le boulevard des Capucines et point de départ des rues du 4 Septembre, Auber, Halévy, de la Paix et de l'avenue de l'Opéra.

Place du Palais-Bourbon. — Derrière la Chambre des Députés et la rue de l'Université.

Place du Palais-Royal. — Entre le Conseil d'Etat, le Louvre et l'hôtel et les magasins du Louvre.

Place du Panthéon. — Autour du Panthéon, à l'extrémité de la rue Soufflot.

Place du parvis Notre-Dame. — Entre Notre-Dame et l'Hôtel-Dieu.

Place de la République. — Ancienne place du Chateau-d'Eau, à l'intersection des grands boulevards avec la rue du Temple et le boulevard Magenta, le boulevard Voltaire, l'avenue de la République et d'autres grands artères ont cette place pour point de départ. Statue colossale de la République au centre, œuvre du sculpteur Morice.

Place de Rivoli. — A la fin de la rue des Pyramides. Statue équestre de Jeanne-d'Arc.

Place St-Georges. — Traversée par la rue Notre-Dame-de-Lorette. Fontaine au milieu, à gauche l'hôtel de M. Thiers.

Place St-Germain-des-Prés. — Boulevard St-Germain, tra-versé par la rue Bonaparte, belle statue de Diderot.

Place St-Michel. — Au commencement du Boulevard St-Michel. Belle fontaine.

Place St-Sulpice. — Devant l'église du même nom. Fontaine monumentale.

Place du Théâtre-Français. — Carrefour de la rue de Riche-lieu, de la rue St-Honoré et de l'avenue de l'Opera. Deux fontaines au centre..

Place du Trocadéro. Devant le palais du même nom.

Place Vendome. — Entre la rue de la Paix et la rue de Casti-glione, place octogone ayant au milieu la fameuse colonne Vendôme.

Place des Victoires. — A l'intersection des rues Croix-des-Pet'ts-Champs, Etienne Marcel et du Mail. Statue équestre de Louis XIV.

Place Vintimil'e. — Jolie place près la place de Clichy avec un square au milieu.

Place des Vosges. — Ancienne place Royale, plantée de tilleuls. Statue équestre de Louis XIII Quatre fontaines Coupée par la rue St-Antoine et la rue des Vosges.

Place Walhubert. — Près du Jardin des plantes.

PONTS

(Voir *Seine*.)

PRISONS

Les prisons de Paris sous la juridiction du Préfet de la Seine sont au nombre de huit : les unes sont destinées aux prisonniers en cours d'accusation ou de procès, les autres pour les condam-nés à moins d'un an de prison, une troisième catégorie com-prend la prison pour les condamnés à mort ou aux travaux forcés, une quatrième les prisons de femmes.

Mazas. — Boulevard Diderot.

La Santé. — Rue du même nom, s'appelait autrefois les Ma-delonnettes.

Dépôt de la Préfecture de police. — Quai de l'Horloge, 3. Pour le premier jour de la détention en attendant le classement.

La Conciergerie. — Dans le Palais de Justice destinée aux prisonniers, pendant leur procès.

Prison militaire. — 88, rue du Cherche-Midi.

Ste-Pelagie. — Rue du Puits l'Hermite.

St-Lazare. — 107, faubourg St-Denis, prison de femmes.

La Roquette. — 168, rue de la Roquette. Pour les condamnés aux travaux forcés ou à la rélégation qui attendent là leur déportation. Les condamnés à mort sont aussi gardés à la Roquette. On les exécute devant la prison.

Prison des jeunes détenus. — Vis-à-vis la précédente, maison de correction pour les condamnés au dessous de 16 ans.

PROMENADES

Bois de Boulogne

En dehors des fortifications de Paris, le bois a une surface de 873 hectares. Les arbres furent en grande partie abattus en 1814 pour faire des palissades. En juin 1815 Wellington y fit camper son armée. Depuis il a encore été dévasté en 1870, mais d'habiles plantations l'ont remis à peu près en état. Le Bois de Boulogne est le rendez-vous du monde élégant.

Le meilleur moyen de visiter le Bois est d'y entrer par l'avenue du Bois de Boulogne commençant au rond-point de l'Arc-de-Triomphe de l'Etoile. Suivant cette avenue, on tournera à gauche et on arrivera sur les bords du grand lac. Ce lac alimenté par le puits artésien de Passy a au milieu deux îles réunies par un pont de bois rustique. A l'extrémité sud vis-à-vis les îles, deux jolies cascades dont l'une est appelée la Source, déversent leurs eaux jaillissantes dans le lac en traversant des rochers et des crevasses arrangées avec art.

Le second lac est séparé du premier par un bras de terre appelé le *Carrefour des Cascades.* Ce second lac est beaucoup plus petit et moins joli que l'autre, tous deux ont des bateaux pour les touristes.

De la porte de Passy à la porte d'Auteuil remarquez le champ de course d'Auteuil qui s'étend entre le premier lac et les fortifications.

Le champ de courses de Longchamp où se court le grand prix de Paris est situé plus loin encore, nous y reviendrons à l'article *Sport.*

Près du champ de courses on voit sur une éminence le *Moulin de la Galette*, c'est tout ce qui reste de la vieille abbaye de Longchamps qui date du XIIIe siècle. Du côté opposé, quatre peupliers qui marquent la tombe d'un colonel russe qui y mourut en 1814. Retournant par la route de Suresnes nous arrivons à la rencontre de cinq routes, nous sommes à la fameuse Cascade.

La Cascade de Longchamps est un des points du Bois de Boulogne les plus fréquentés. Une montagne artificielle large de 60 mètres et haute de 13 élève son sommet rugueux au-dessus d'un bassin environné de rochers. Une large nappe d'eau sortant d'une caverne percée dans le flanc de la montagne tombe dans le bassin d'une hauteur de neuf mètres, pendant que deux autres petites cascades arrivent au bassin par des crevasses artistement ménagées. Un passage étroit et rocailleux conduit au sommet de la chute d'eau.

A quelques pas, café restaurant de la Cascade. On y déjeune beaucoup plus qu'on y dîne. Après avoir quitté la Cascade dirigeons nous par l'allée de Longchamps et nous arrivons à la Croix-Catelan, vénérable relique qui a survécu à toutes les révolutions depuis le quatorzième siècle. C'est une pyramide érigée par Philippe le Bel en souvenir du meurtre d'un célèbre troubadour nommé Arnold de Castelan qui avait quitté la cour de Béatrice de Savoie pour venir à Paris. Le haut du monument est brisé mais le piédestal est intact et on peut encore y distinguer les armes de Provence écartelées de celles de Catelan. Tout près est le *pré Catelan* où l'on donne des bals et des fêtes champêtres.

En quittant le pré Catelan et se dirigeant vers l'Est le visiteur atteindra promptement les lacs. La route mène à la porte de la Muette qui donne accès dans Paris.

BUTTES CHAUMONT

Ce joli parc est situé dans le 18e arrondissement. Nous voyons à droite, dans un ravin profond, le chemin de fer de ceinture qui fait le tour de Paris et traverse une partie du parc sous un tunel. Devant nous, se trouve la principale attraction de ce charmant endroit, une île escarpée taillée dans le roc et entourée d'une jolie nappe d'eau. La hauteur du rocher est d'environ vingt mètres, il se termine par un belvédère rustique d'où l'on a une vue superbe sur Paris et qu'on a surnommé le Temple de la Sybille. On se rend dans l'île par un pont de pierre à

droite et à gauche et par un pont suspendu. Dans la vallée jolie
grotte toute étincelante de stalactites et de stalagmites; plus
loin à gauche route carrossable au-dessus de laquelle passe le
pont suspendu dont nous venons de parler et qui donne accès
aux hauteurs qui toutes sont couvertes d'arbustes et de plantes.

CHAMPS ÉLYSÉES

Cette promenade unique en Europe était autrefois couverte de
maisons détachées et de prairies. En 1616, la reine-mère Marie de
Médicis fit planter trois allées d'arbres qu'elle fit fermer à leurs
extrémités par des grilles de fer. Cette promenade pour l'usage
exclusif de la reine et de la cour fut appelé le *Cours la Reine* et
porte encore ce nom. La plaine du nord qui allait jusqu'au village du Roule, fut, par ordre de Colbert, plantée d'arbres et ornée de plates-bandes et de gazon. Cette nouvelle promenade fut
appelée le Grand Cours, puis l'avenue des Champs Elysées. Madame de Pompadour étant devenue propriétaire du palais de
l'Elysée, fit couper les arbres plantée par Colbert, mais en 1761,
après sa mort, l'avenue fut replantée et on y installa des restaurants et des cafés.

De 1777 à 1790, les Champs Elysées devinrent la promenade à
la mode. En 1814, un bivouac de Cosaques et d'Anglais y fut
établi et les Prussiens y campèrent en 1815. En 1818, on abattit
toutes les maisons d'un emplacement appelé le carré Marigny.
Cet emplacement est occupé maintenant par le palais de l'Industrie (Voir *Palais*). L'avenue des Champs Elysées est divisée
en deux parties, elle a une longueur de deux kilomètres. Au milieu est le *Rond-Point* des Champs Elysées, place circulaire
avec six bassins munis de jets d'eau, entourés de massifs et qui
sert de point de départ aux avenues d'Antin, Montaigne, de
Marigny, et aux rues Matignon et Montaigne. L'arc de triomphe de l'Etoile se trouve à l'extrémité de l'avenue.

Les Champs Elysées sont une des promenades favorites des
Parisiens. Sous les bosquets on rencontre des boutiques de jouets
et de pains d'épice, des chevaux de bois et le Guignol légendaire.
La voiture aux chèvres est aussi une des attractions enfantines
des Champs Elysées. Beaucoup de cafés attirent les amateurs
de plaisir et quelques-uns sont en même temps concerts. Citons
les Ambassadeurs, l'Alcazar d'Eté, et l'Horloge. Au nord, Cirque des Champs Elysées et panorama. Au numéro 5 de la rue
de Berry qui donne dans l'avenue, autre Panorama.

MAISONS RECOMMANDÉES

PAR LES

GRANDS MAGASINS

DE LA

PLACE CLICHY

NE VENEZ PAS A PARIS

SANS

LE GUIDE PASSE-PARTOUT

PARIS ET ENVIRONS

Ce Guide est le meilleur et le plus complet qui ait paru jusqu'à ce jour.

Son format très réduit permettra au voyageur de l'avoir constamment en poche ; il pourra de cette façon y puiser les renseignements qui ne manqueront pas à chaque instant de lui être utiles.

Un Plan très complet et très clair de la Capitale s'y trouve annexé ainsi que celui de l'Exposition Universelle de 1889.

Quelques feuillets en blanc et un crayon ajoutés à ce guide faciliteront au voyageur la transcription de ses notes.

Envoi franco contre mandat-poste de 1 fr. 25

ADMINISTRATION

17, RUE DE LA GRANGE-BATELIÈRE, 17

PARIS

Vieules et Michlewitz

JOAILLIERS

MICHLEWITZ et Cie

SUCCESSEURS

⚡ PARIS ⚡

29, rue du faubourg Montmartre

NICE

2, avenue de la Gare

et

8, place Masséna

VÉLOCIPÈDES

DES MODÈLES LES PLUS RÉCENTS

POUR HOMMES, JEUNES GENS ET ENFANTS

BICYCLES

BICYCLETTES

BI-TRICYCLES

TRICYCLES

TRICYCLETTES

TANDEM

A. JACQUIER

9, Rue du Caire (bould. Sébastopol) Rue Palestro, 41

PARIS

L. T. PIVER A PARIS

NOUVELLE PARFUMERIE EXTRA-FINE

AU

CORYLOPSIS DU JAPON

SAVON, EXTRAIT, EAU DE TOILETTE, POUDRE DE RIZ, HUILE, &ᶜ

日本榛花油

EAUX MINÉRALES
DE
CONTREXÉVILLE
(VOSGES)

SOURCE DU PAVILLON
Seule décrétée d'Intérêt public.
Débit : 200.000 litres en 24 heures.
(TRAJET EN 8 HEURES DE PARIS, ET EN 17 HEURES DE LONDRES)
Établissement situé dans un Parc superbe, récemment agrandi

TRAITEMENT EXTERNE
BAINS, DOUCHES CHAUDES ET FROIDES A GRANDE PRESSION,
DOUCHES DE VAPEUR TÉRÉBENTINÉES, MASSAGE POUR HOMMES
ET DAMES.

PRINCIPALES MALADIES TRAITÉES
A CONTREXÉVILLE
*Gravelle, Goutte, Diabète, Catarrhe vésical, Douleurs
hépatique, Foie, Voies urinaires, etc.*

SAISON DU 20 MAI AU 30 SEPTEMBRE
Musique dans le Parc matin et soir

CASINO AVEC SALLE DE SPECTACLE
Salons de jeux et de conversation, Théâtre, Concerts, Bals
5 soirées par semaine
(4 Représentations et 1 Concert)

JEUX DIVERS DANS LE PARC

*Télégraphe, Bureau de poste, Grand Hôtel de l'Etablissement
dans le Parc et nombreux Hôtels et Maisons recommandées*

Adresser les demandes d'Eau
Soit au Directeur de l'Etablissement, à Contrexéville ; soit au
Siège de l'Administration, rue de la Chaussée-d'Antin, 6, à
Paris ; soit au Dépôt central, boul. des Italiens, 31, à Paris.

EXPÉDITIONS DANS LE MONDE ENTIER

BANQUE PARISIENNE

SOCIÉTÉ ANONYME

Capital social : 25 millions entièrement versés

SIÈGE SOCIAL : 7, RUE CHAUCHAT

Conseil d'administration

MM. de Werbrouck, président ; Barbet, vice-président ; baron de Pfeffel ; A. Hartog ; Mainfroy ; baron de Caters ; Kumps, administrateurs.

Directeurs

MM. Baudesson de Richebourg et A. Geiger.

Prêts sur Titres

La **Banque Paris.enne** prête sur tous Titres au Porteur, français ou étrangers, cotés.

Cette opération a lieu très rapidement et les titres donnés en nantissement sont toujours à la disposition de l'emprunteur, qui peut rembourser « avant l'échéance et par fractions. » — Les conditions varient suivant la nature des Titres.

Locations de Coffres-Forts

Dans ses caves voûtées et blindées de fer sur toutes leurs faces, la BANQUE PARISIENNE met à la disposition du public des Coffres-forts en location.

TARIF

	p. mois	p. année		p. mois	p. année
1re dimension.	1 fr. 50	15 fr.	*4e dimension.	5 fr. »	50 fr.
2e dimension.	3 fr. »	30 fr.	*5e dimension.	6 fr. »	60 fr.
3e dimension.	4 fr. »	40 fr.			

Le locataire d'un coffre pénètre dans les caves quand bon lui semble, tous les jours, de 9 heures à 5 h. 1/2.

* Coffres divisés en deux compartiments.

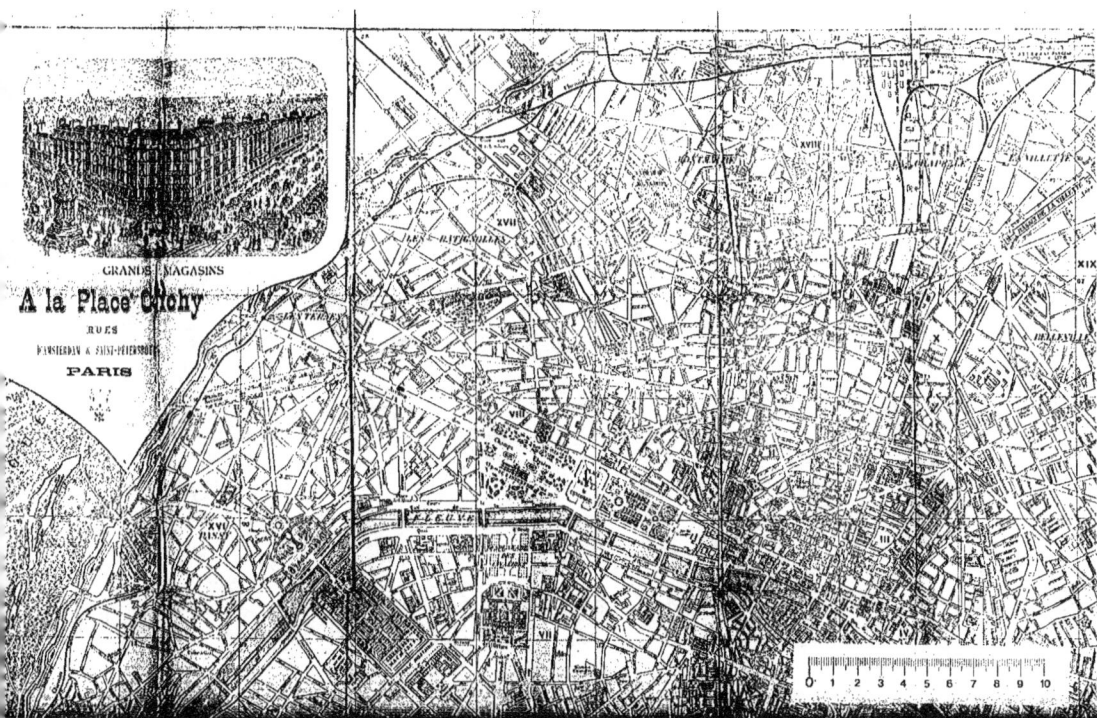

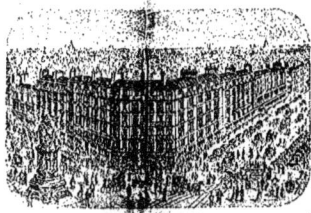

GRANDS MAGASINS

À la Place Clichy

RUES

D'AMSTERDAM & SAINT-PÉTERSBOURG

PARIS

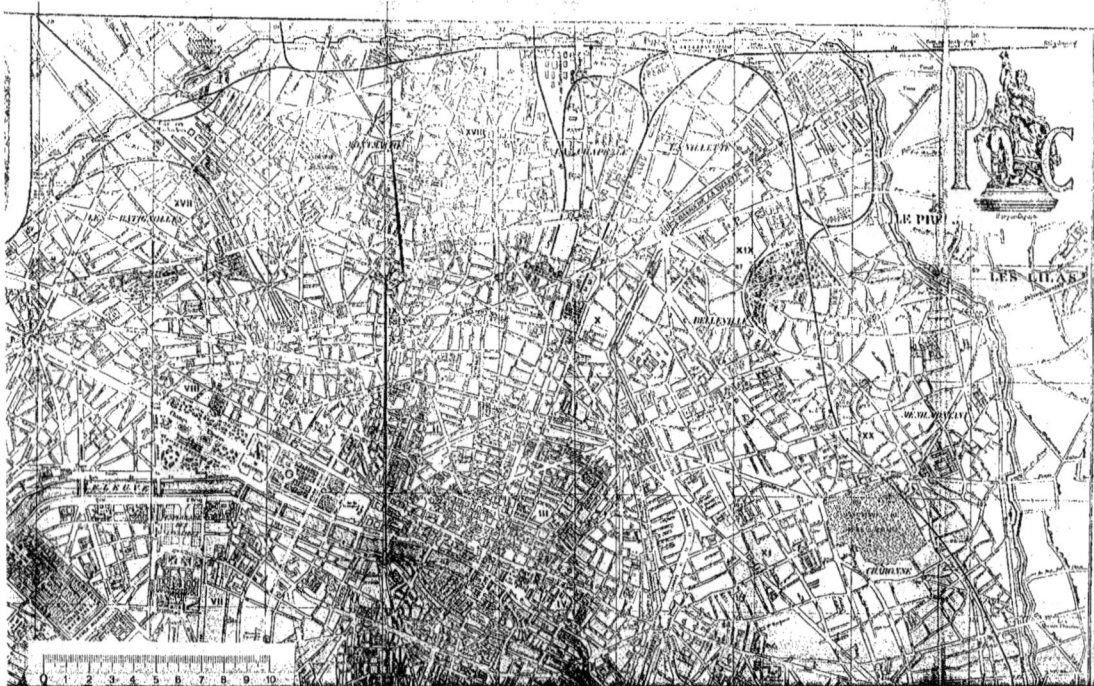

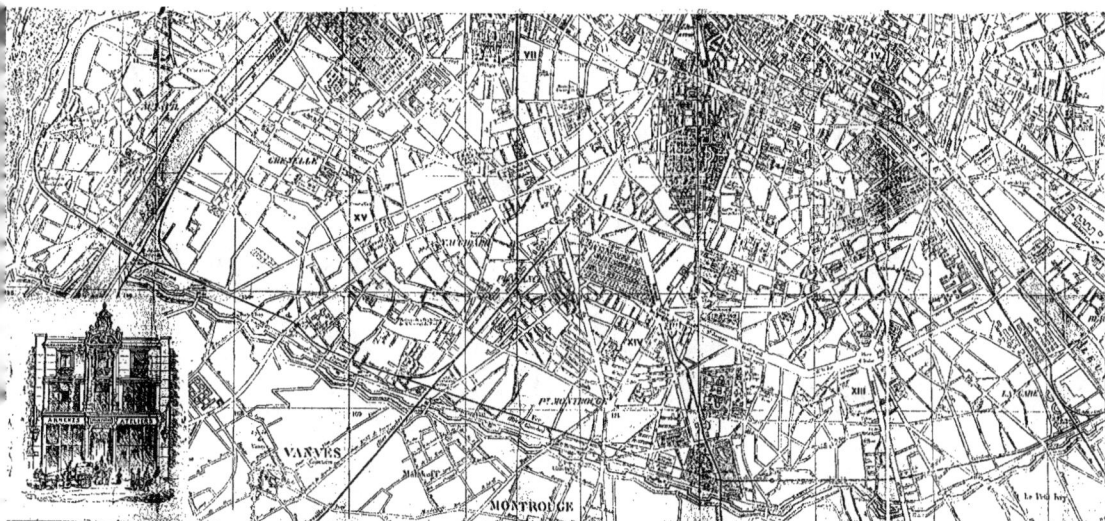

PLAN de PARIS offert par les Grands Magasins de LA PLAC

IS offert par les Grands Magasins de LA PLACE CLICHY

www.ingramcontent.com/pod-product-compliance
Lightning Source LLC
Chambersburg PA
CBHW070559100426
42744CB00006B/336